KÖNIGS ERLÄUTERUNGEN
Band 148

Textanalyse und Interpretation zu

Max Frisch

HOMO FABER

Bernd Matzkowski

Alle erforderlichen Infos für Abitur, Matura, Klausur und Referat plus Musteraufgaben mit Lösungsansätzen

Zitierte Ausgabe:
Max Frisch: *Homo faber. Text und Kommentar.* Frankfurt am Main: Suhrkamp, 1998 (Suhrkamp BasisBibliothek Bd. 3). Alle Zitate aus dem Roman werden durch d e Seitenangabe direkt hinter dem Zitat kenntlich gemacht.

Über den Autor dieser Erläuterung:
Bernd Matzkowski ist 1952 geboren. Er ist verheiratet und hat vier Kinder. Lehrer am Heisenberg Gymnasium Gladbeck. Fächer: Deutsch, Sozialwissenschaften, Politik, Theater. Ausbildungskoordinator.

Hinweis:
Die Rechtschreibung wurde der amtlichen Neuregelung angepasst. Zitate von Max Frisch müssen auf Grund eines Einspruches in der alten Rechtschreibung übernommen werden.

Das Werk und seine Teile sind urheberrechtlich geschützt. Jede Verwertung in anderen als den gesetzlich zugelassenen Fällen bedarf der vorherigen schriftlichen Einwilligung des Verlages.
Hinweis zu § 52 a UrhG: Die öffentliche Zugänglichmachung eines für den Unterrichtsgebrauch an Schulen bestimmten Werkes ist stets nur mit Einwilligung des Berechtigten zulässig.

7. Auflage 2017
ISBN: 978-3-8044-1902-5
PDF: 978-3-8044-5902-1, EPUB: 978-3-8044-6902-0
© 2002, 2010 by C. Bange Verlag, 96142 Hollfeld
Alle Rechte vorbehalten!
Titelbild: Sam Shepard als Walter Faber im Kinofilm „Homo Faber" (1991),
© ullstein bild – united archives
Druck und Weiterverarbeitung: Tiskárna Akcent, Vimperk

INHALT

1. DAS WICHTIGSTE AUF EINEN BLICK – SCHNELLÜBERSICHT   6

2. MAX FRISCH: LEBEN UND WERK   10

2.1 Biografie   10

2.2 Zeitgeschichtlicher Hintergrund   14
    Kalter Krieg und Wirtschaftswunder   14
    Der Aufstieg des Autors Max Frisch   16
    Zeitbezüge   16

2.3 Angaben und Erläuterungen zu wesentlichen Werken   18

3. TEXTANALYSE UND -INTERPRETATION   24

3.1 Entstehung und Quellen   24

3.2 Inhaltsangabe   28
    (Geraffter) Handlungskern
    in chronologischer Abfolge   29
        Vorgeschichte   29
        Fabel (plot)   30
    Romaninhalt im Erzählverlauf   35
        „Erste Station"   35
        „Zweite Station"   47

3.3 **Aufbau** — 51
    Kompositionsstruktur — 52
    Zeitstruktur — 58
    Strukturelemente und Bausteine des Erzählens — 65

3.4 **Personenkonstellation und Charakteristiken** — 78
    Die Hauptfiguren — 80
        Walter Faber — 80
        Hanna — 83
        Sabeth — 85
    Wichtige Nebenfiguren — 88
        Ivy — 88
        Joachim Hencke — 89
        Marcel — 89

3.5 **Sachliche und sprachliche Erläuterungen** — 90

3.6 **Stil und Sprache** — 91

3.7 **Interpretationsansätze** — 95
    Bildnis-Thematik — 95
    Bezüge zur Mythologie — 97
    Vergleich mit Ödipus — 99

4. REZEPTIONSGESCHICHTE — 100

5. MATERIALIEN 104

Das Weltbild Fabers — 104
Frisch und Brecht — 105
Die Erzählstrategie des Romans — 106
Die Reisen Fabers — 107

6. PRÜFUNGSAUFGABEN 108
MIT MUSTERLÖSUNGEN

LITERATUR 124

STICHWORTVERZEICHNIS 127

1 SCHNELLÜBERSICHT	2 MAX FRISCH: LEBEN UND WERK	3 TEXTANALYSE UND -INTERPRETATION

1. DAS WICHTIGSTE AUF EINEN BLICK – SCHNELLÜBERSICHT

Damit sich jeder Leser in unserem Band rasch zurechtfindet und das für ihn Interessante gleich entdeckt, hier eine Übersicht.

Im 2. Kapitel beschreiben wir **Frischs Leben** und stellen den **zeitgeschichtlichen Hintergrund** dar:

⇨ S. 10 ff.
⇨ S. 14 ff.

→ Max Frisch lebte von **1911 bis 1991**, die meiste Zeit in **Zürich**.
→ Der **Zweite Weltkrieg** ist bei Erscheinen des Romans zwölf Jahre vorbei. An seine Stelle ist der **„Kalte Krieg"** getreten, in Deutschland setzt die Phase des **„Wirtschaftswunders"** und der **„Restauration"** ein.

⇨ S. 18 ff.

→ *Homo faber* erscheint 1957. Zuvor sind bereits einige Theaterstücke Frischs zur Aufführung gekommen, und auch sein Roman *Stiller* ist schon erschienen (1954).

Im 3. Kapitel bieten wir eine Textanalyse und -interpretation.

Homo faber – Entstehung und Quellen:

⇨ S. 24 ff.

Als eine Quelle des Romans wird eine Skizze in Frischs *Tagebuch* aus dem Jahre 1946 angesehen. Bedeutender sind aber wahrscheinlich Eindrücke von den Reisen, die Frisch zur Zeit der Entstehung des Romans unternahm, so etwa in die USA, nach Italien, Griechenland und Kuba.

Inhalt:

Der Roman umfasst **zwei „Stationen"**. Eine direkte Einteilung in Kapitel gibt es nicht; durch Absätze (Leerzeilen) lassen sich aber Unterabschnitte erkennen. ⇨ S. 28 ff.

Der Ingenieur **Walter Faber**, Protagonist und Verfasser des „Berichts", lernt auf einer Schiffsreise eine junge Frau **(Sabeth)** kennen und verliebt sich in sie. Bei einem Aufenthalt in Paris trifft Faber Sabeth wieder und begleitet sie nach Griechenland, wo Sabeth ihre Mutter besuchen will. In Frankreich kommt es zu einer Liebesnacht zwischen den beiden. Allmählich wird Faber klar, dass Sabeth seine leibliche Tochter ist und ihre Mutter seine frühere Geliebte **Hanna**, die er seinerzeit verlassen hatte, als sie schwanger wurde. Entgegen der Absprache hat Hanna das gemeinsame Kind aber nicht abtreiben lassen.

In Griechenland kommt es zu einem Unfall, an dessen Folgen Sabeth stirbt. Faber selbst trifft Hanna wieder. Er muss sich in Athen in ein Krankenhaus einweisen lassen, um sich einer Magenoperation (Krebs) zu unterziehen. Er überlebt diese Operation nicht.

Chronologie und Schauplätze:

Der Handlungskern umfasst rund fünf Monate (März bis Juli 1957), die Vorgeschichte geht aber bis in die Jahre 1934–1936 zurück. Die Chronologie wird durch Rückblenden (Vorgeschichte) und Vorgriffe unterbrochen, es kommt also nicht zu einem linearen Erzählprozess. ⇨ S. 51 ff.

Handlungsorte sind u. a. New York, Caracas, Frankreich, Italien, Kuba und Griechenland, Stadt-, Dschungel- und Wüstenlandschaften.

Die „innere Dramaturgie" des Erzählprozesses wird über Motive, Motivverbindungen, thematische Komplexe, metaphorische Elemente und Symbole aufgebaut.

> **Personen:**

Die Hauptpersonen sind

⇨ S. 80 ff.

Walter Faber:
- → 50 Jahre alt, Ingenieur, für die UNESCO tätig
- → Er lebt in der Welt der Vernunft, des Berechenbaren, der Mathematik; die Natur, die Sinnlichkeit und das Emotionale sind ihm eher fremd.
- → Er leidet häufig unter starken Magenschmerzen, ignoriert seine Krankheit aber lange.

⇨ S. 83 ff.

Hanna:
- → Hanna Landsberg ist als Kontrastfigur zu Faber angelegt.
- → Sie ist temperamentvoll, spontan und willensstark.
- → Als „Halbjüdin" flieht sie zur Zeit des Nationalsozialismus aus Deutschland.
- → Sie hat Kunstgeschichte studiert und arbeitet am Archäologischen Institut in Athen.

⇨ S. 85 ff.

Sabeth:
- → Sabeth (eigentlich: Elisabeth), 20 Jahre alt, ist ambivalent angelegt.
- → Sie interessiert sich für Kunst, begeistert sich auf der Reise mit Faber für Natur und Landschaft, ist aber auch mit Attributen zeitgenössischer Jugendlichkeit ausgestattet.

⇨ S. 88 ff.

Wir stellen die Hauptpersonen ausführlich vor, gehen aber auch auf weitere wichtige Personen ein.

Stil und Sprache Frischs:

→ Untertitel des Romans: „Ein Bericht" ⇨ S. 91 ff.
→ „Rollensprache", die durch die Sprache des erzählenden (berichtenden) Ingenieurs Walter Faber geprägt ist.
→ häufig ein nüchterner, trockener, vom Nominalstil dominierter Sprachgebrauch
→ Typenbezeichnungen, Produktnamen und Übernahmen aus dem Anglo-Amerikanischen

Mit den Veränderungen der Hauptfigur im Laufe der Erzählung gehen teilweise Veränderungen der Sprache einher, so etwa eine Neigung zum Bildlichen.

Als Interpretationsansätze bieten sich an:

→ die Bildnisthematik, ⇨ S. 95 ff.
→ die Bezüge zur antiken Mythologie (Anspielungen, Verweise, Namen), ⇨ S. 97 f.
→ im Kontext damit die Frage nach der Schuld Fabers, hier besonders im Vergleich zu Ödipus (Inzestproblematik, Selbsterkenntnis, Verantwortung und Schicksal). ⇨ S. 99

2. MAX FRISCH: LEBEN UND WERK

2.1 Biografie[1]

Max Frisch
(1911–1991)
© ullstein bild –
Würth GmbH/
Swiridoff

JAHR	ORT	EREIGNIS	ALTER
1911	Zürich	Geburt am 15. Mai als Sohn des Architekten Franz Bruno Frisch und seiner Gattin Karolina, geb. Wildermuth	
1924		Eintritt ins Realgymnasium des Kantons	13
1930		Germanistikstudium an der Universität Zürich	19
1931–1934		Journalistische Arbeiten	20–23
1932		Tod des Vaters	21
1933	Prag	Sportreporter bei der Eishockeyweltmeisterschaft	22
1934		*Jürg Reinhart. Eine sommerliche Schicksalsfahrt* erscheint (erste Veröffentlichung).	23
1936	Zürich	Beginn des Architekturstudiums	25
1937		Die Erzählung *Antwort aus der Stille* erscheint.	26
1939–1945		Dienst in der Armee	28–34
1940		*Blätter aus dem Brotsack. Geschrieben im Grenzdienst 1939* erscheint. Anstellung als Architekt	29
1942		Ehe mit Gertrud Constanze von Meyenburg; Gründung eines eigenen Architekturbüros; Frisch gewinnt den ersten Preis im Architekturwettbewerb um das städtische Freibad am Letzigraben.	31

---

1 Die Angaben, besonders zu den Preisen und Ehrungen, stellen eine Auswahl dar.

2.1 Biografie

JAHR	ORT	EREIGNIS	ALTER
1943		Der Roman *J'adore ce qui me brûle* oder *Die Schwierigen* erscheint. Geburt der Tochter Ursula	32
1944		Geburt des Sohnes Hans Peter; Frisch beginnt damit, Dramen zu verfassen.	33
1945	Zürich	Das Stück *Nun singen sie wieder* wird am Zürcher Schauspielhaus uraufgeführt. *Bin oder Die Reise nach Peking* erscheint.	34
1946		Zahlreiche Reisen, u. a. nach Deutschland. Die Romanze *Santa Cruz* sowie die Farce *Die Chinesische Mauer* werden am Zürcher Schauspielhaus uraufgeführt.	35
1947		Bekanntschaft mit Brecht und Dürrenmatt; Bau des Schwimmbads am Letzigraben; *Tagebuch mit Marion* erscheint.	36
1948	Zürich	Reisen nach Berlin, Prag und Warschau; Teilnahme am „Congrès mondial des intellectuels pour la paix" (Wrozlaw/Polen) *Als der Krieg zu Ende war* wird am Zürcher Schauspielhaus uraufgeführt.	37
1949	Zürich	Geburt der Tochter Charlotte	38
1950		*Tagebuch (1946–1949)* erscheint.	39
1951	Zürich	*Graf Öderland* wird am Zürcher Schauspielhaus uraufgeführt.	40
1951–1952	USA	Stipendiat der Rockefeller-Stiftung	40–41
1953	Zürich/ Berlin	*Don Juan oder Die Liebe zur Geometrie* wird am Zürcher Schauspielhaus uraufgeführt.	42
1954		Der Roman *Stiller* erscheint. Trennung von der Familie	43
1955		Frisch verkauft sein Architekturbüro.	44

2.1 Biografie

JAHR	ORT	EREIGNIS	ALTER
1957		**Der Roman *Homo faber* erscheint.** Reisen nach Griechenland und in die arabischen Staaten	46
1958	Zürich	*Biedermann und die Brandstifter* wird am Zürcher Schauspielhaus uraufgeführt (als Hörspiel bereits 1953 gesendet). Georg-Büchner-Preis	47
1959		Scheidung	48
1960	Rom	Frisch lebt mit Ingeborg Bachmann zusammen (bis 1962).	49
1961	Zürich	*Andorra* wird am Zürcher Schauspielhaus uraufgeführt.	50
1962		Frisch lernt Marianne Oellers kennen.	51
1964		Der Roman *Mein Name sei Gantenbein* erscheint.	53
1965	Berzona	Frisch kehrt aus Rom in die Schweiz zurück.	54
1966	UdSSR	Reise in die UdSSR	55
1968	UdSSR	*Biografie: Ein Spiel* wird am Zürcher Schauspielhaus uraufgeführt. Heirat mit Marianne Oellers; zweite Reise in die UdSSR	57
1969	Japan	Reise nach Japan	59
1971	USA	*Wilhelm Tell für die Schule* erscheint. Aufenthalt in den USA	60
1972		*Tagebuch (1966–1971)* erscheint.	61
1974	USA	*Dienstbüchlein* erscheint. Erneuter Aufenthalt in den USA	63
1975		Die Erzählung *Montauk* erscheint.	64
1976	China	Friedenspreis des Deutschen Buchhandels; Reise nach China; *Gesammelte Werke in zeitlicher Folge* erscheinen.	65

2.1 Biografie

JAHR	ORT	EREIGNIS	ALTER
1978		*Triptychon. Drei szenische Bilder* erscheinen.	67
1979		Die Erzählung *Der Mensch erscheint im Holozän* erscheint. Scheidung von M. Oellers	68
1981	New York	Neben Berzona hat Frisch auch in New York einen Wohnsitz.	70
1982		*Blaubart. Eine Erzählung* erscheint.	71
1984	Zürich	Frisch lebt wieder in Zürich.	73
1987	Moskau	Reise nach Moskau	76
1989		*Schweiz ohne Armee? Ein Palaver* erscheint.	78
1990		*Schweiz als Heimat? Versuche über 50 Jahre* erscheint.	79
1991	Zürich	Frisch stirbt kurz vor seinem 80. Geburtstag am 4. April in seiner Wohnung.	79

2.2 Zeitgeschichtlicher Hintergrund

ZUSAMMEN-FASSUNG

→ Der **Zweite Weltkrieg** ist bei Erscheinen des Romans seit zwölf Jahren beendet. An seine Stelle ist in den 1950er Jahren der **„Kalte Krieg"** getreten, in Deutschland setzt die Phase des **„Wirtschaftswunders"** und der **„Restauration"** ein.

→ Der „amerikanische Traum" („the American Way of Life") hält u. a. über Mode (Jeans), Konsumgüter (Camel-Zigaretten) und Musik (Rock 'n' Roll) Einzug in Deutschland.

→ *Homo faber* erscheint 1957 und weist zahlreiche Zeitbezüge (Politik, Wirtschaft, gesellschaftliches Leben) auf.

Kalter Krieg und Wirtschaftswunder

Als Max Frischs Roman erscheint, sind erst zwölf Jahre seit dem Ende des Zweite Weltkrieges vergangen. Man hat sich gerade im Frieden eingerichtet und ist dabei, die **Zeit des Nationalsozialismus zu vergessen** bzw. zu verdrängen. Und schon stehen die Menschen wieder an der Schwelle zu einem nächsten, noch größeren und dann wahrscheinlich auch letzten Krieg, denn die einstige Anti-Hitler-Koalition ist längst zerfallen. Die USA und die Sowjetunion stehen sich im „Kalten Krieg" als Führer von zwei militärischen und zugleich politischen und ideologischen Blöcken in Europa am „Eisernen Vorhang" hochgerüstet gegenüber. Mitte der 1950er Jahre beläuft sich das Arsenal an Atomwaffen auf rund 50.000 Stück; die Menschheit ist längst in der Lage, sich selbst und alles Leben auf der Welt mehrfach auszulöschen. Die Blockade Berlins (1948/49), der Koreakrieg (1950–1953) und die Suez-Krise

„Kalter Krieg"

2.2 Zeitgeschichtlicher Hintergrund

(1956) waren deutliche Zeichen der Blockkonfrontation, deren steinernes Symbol die Mauer in Berlin werden sollte (13. August 1961).

In Deutschland sind die Trümmer des Krieges nahezu weggeräumt, das sogenannte Wirtschaftswunder der „sozialen Marktwirtschaft" hat eingesetzt, die Westintegration der Bundesrepublik ist abgeschlossen, denn die BRD ist mittlerweile Mitglied des Europarats und durch die Pariser Verträge (1954) auch Mitglied der Westeuropäischen Union und der NATO. Im Jahre 1957, dem Erscheinungsjahr von *Homo faber*, ist die Wiederbewaffnung beschlossen und die Bundeswehr bereits gegründet (1956). Politisch ist das Klima dieser „Restaurationsjahre" durch die konservativen Regierungen aus CDU und CSU bestimmt, die 1957 unter Konrad Adenauer einen Wahlsieg erringen, bei dem sie 50,2 % aller Stimmen auf sich vereinigen können. Der zentrale Wahlslogan hieß (bezeichnenderweise): „Keine Experimente!"

Die Menschen in Deutschland sehen – trotz der weltpolitisch angespannten Lage – eher optimistisch in die Zukunft, wenn auch die atomare Bedrohung durchaus Ängste hervorruft. Die Einkommen lassen ersten bescheidenen Wohlstand zu, man sieht vermehrt Autos auf den Straßen (1953 hat der Bestand an PKW und Motorrädern in der BRD den von 1939 in Gesamtdeutschland bereits überschritten, bei Volkswagen laufen täglich rund 1500 „Käfer" vom Fließband). Die ersten weiteren Reisen werden geplant. Ein Land vieler Träume ist die USA, das „Land der unbegrenzten Möglichkeiten", das in Deutschland nicht nur durch seine Soldaten, sondern auch durch seine Musik (Elvis Presley), seine Hollywoodfilme und seinen Lebensstil präsent ist.

Marginalien: Wirtschaftswunder; Restaurationsjahre

2.2 Zeitgeschichtlicher Hintergrund

Der Aufstieg des Autors Max Frisch

In diese Phase der politischen Restauration und des wirtschaftlichen Aufschwungs in Deutschland fällt Frischs Aufstieg als Autor. Mit seinem Roman *Stiller* hatte er den ersten wirklich großen Erfolg erzielt (1954), sein *Homo faber* (1957) mehrte seinen Ruhm, und die Verleihung des renommierten Georg-Büchner-Preises (1958) adelte ihn literarisch. Der Schweizer Autor schien den Deutschen ein **gleichermaßen unabhängiger wie kritischer Geist** zu sein, der gewillt war, seinen eigenen Weg zu verfolgen, und sich deshalb die Freiheit herausnehmen konnte, im Jahre 1948 am „Weltkongress der Intellektuellen für den Frieden" in Polen teilzunehmen und nur drei Jahre später als Stipendiat der Rockefeller-Stiftung in die USA zu gehen.

Georg-Büchner-Preis 1958

Zeitbezüge

Frischs Roman greift auf vielfältige Weise Facetten jener Zeit auf. Über die Figur Hanna und die Beziehung Walter Fabers zu ihr holt er z. B. die nationalsozialistische Vergangenheit in den Text (Antisemitismus, Rassismus, siehe S. 49 f.) und zeigt am Umgang Fabers mit dieser Vergangenheit auch Strategien der Verdrängung. Die Auseinandersetzung mit der atomaren Aufrüstung wird ebenso im Text angesprochen (Verweis auf den Aufruf der „Göttinger Sieben", siehe S. 181) wie das **Fortbestehen von Vorurteilen** und Aspekte der Mentalität des „Kalten Kriegs" (siehe die Äußerungen Herbert Henckes über Wiederbewaffnung, Russen, Asiaten und Hitler, S. 9 f.). Es sind aber letztlich nicht jene Splitter der Zeitgeschichte, die über Erwähnungen oder Anspielungen und in Äußerungen der Figuren den Zeitbezug des Romans ausmachen, sondern die sich in der Figur Walter Fabers spiegelnden grundsätzlichen Merkmale der Dekade:

Splitter der Zeitgeschichte

2.2 Zeitgeschichtlicher Hintergrund

Eine Super-Constellation in New York 1954
© Dr. Alexander Mayer/Wikipedia

„In der Tat gibt sich Walter Faber (...) alle Mühe, dem Leser als einer jener Zeitgenossen zu erscheinen, die damals in der westlichen Wirtschaftswunderwelt in Funk, Fernsehen und Presse als Phänotyp der Stunde in Erscheinung traten: als kompetenter und potenter technischer Macher, der im Auftrag einer internationalen Organisation und im Besitz eines schier unerschöpflichen Spesenkontos von einem Job zum andern durch Länder und Kontinente hetzt, beherrscht, selbstsicher, bindungslos." [2]

Der Bezug zu Zeit und Gesellschaft der 1950er Jahre wird im Protagonisten des Romans gebündelt: **Technikgläubigkeit und Technikskeptizismus** werden über die Faber-Figur ebenso entfaltet wie das USA-Bild (Begeisterung für und Ablehnung des „American Way of Life"), die Auseinandersetzung zwischen den Geschlechtern und der **Dualismus von Ratio und Gefühl**. Diese miteinander verschränkten Themenbereiche machen den Roman bei seinem Erscheinen zu einem Roman der Zeitgeschichte und zugleich zeitlos und gegenwärtig.

„American Way of Life"

---

2 Stephan, *Frisch Autorenbücher*, S. 74 f.

2.3 Angaben und Erläuterungen zu wesentlichen Werken

2.3 Angaben und Erläuterungen zu wesentlichen Werken

ZUSAMMEN-FASSUNG

→ Als *Homo faber* 1957 erscheint, ist Max Frisch (1911–1991) bereits ein bekannter Autor. Einige Dramen Frischs sind schon auf die Bühne gekommen; als das bis dahin erfolgreichste kann wohl *Biedermann und die Brandstifter* gelten. Sein berühmtestes Drama *Andorra* wird 1961 uraufgeführt. Doch auch als Romancier ist Frisch bereits erfolgreich (*Stiller*, 1954).

→ Frischs Werk lässt sich in zwei Werkgruppen einteilen: Werke der privaten, persönlichen Sphäre und Werke der politischen, öffentlichen Sphäre.

→ Die Verbindung des *Homo faber* zum Gesamtwerk ergibt sich über die Bildnis-Thematik sowie über die literarische Form des Tagebuchs.

Folgt man den Überlegungen von Gerhard und Mona Knapp, so lässt sich das Werk Max Frischs in zwei große Werkgruppen einteilen, nämlich Werke der „privaten, persönlichen Sphäre", zu denen u. a. *Stiller, Biografie, Santa Cruz, Don Juan* und *Triptychon* zu zählen sind, und Werke, die sich mit eher politischen bzw. „öffentlichen" Themen befassen, also etwa *Nun singen sie wieder, Als der Krieg zu Ende war* und *Biedermann und die Brandstifter*.[3] Die Verbindung des Romans *Homo faber* zum Gesamtwerk Frischs ergibt sich über die **Bildnis-Thematik** sowie über die **literarische Form des Tagebuchs**.

---

3 Knapp/Knapp, S. 9.

2.3 Angaben und Erläuterungen zu wesentlichen Werken

ZWEI „WERKGRUPPEN" (BEISPIELE)

Werke der „privaten, persönlichen Sphäre"   Werke der „öffentlichen Sphäre"

Zentrales Thema: Bildnis-Thematik

Santa Cruz (Drama, 1946)
Don Juan (Drama, 1953)
Stiller (Roman, 1954)
Biografie (Drama, 1968)
Triptychon (1979)

Nun singen sie wieder (Drama, 1945)
Biedermann und die Brandstifter (Drama, 1958)
Andorra (Drama, 1961)

Verknüpfung von **Homo faber** mit dem Gesamtwerk über die Bildnis-thematik und die literarische Form des Tagebuchs

Die Bildnis-Thematik oder, aus anderer Perspektive, die Suche nach Identität bzw. der Abbau einer falschen Identität verbindet z. B. das Drama *Andorra* mit den Prosawerken *Stiller* und *Mein Name sei Gantenbein* sowie *Homo faber*. Auf formaler Ebene ergeben sich andererseits Bezüge zu anderen Prosawerken durch die Tagebuchform, das **diaristische Schreiben**. In einem „Werkstattgespräch" mit Horst Bienek hat Frisch dazu gesagt:

Bildnis und Identität – Tagebuch als literarische Form

2.3 Angaben und Erläuterungen zu wesentlichen Werken

Werkstattgespräch

„Ich spreche vom Tagebuch als literarische Form –, angefangen bei dem erwähnten kleinen Tagebuch eines Soldaten, der 1939 mit dem Überfall der deutschen Wehrmacht auf die Schweiz rechnete, dann das Tagebuch der Nachkriegszeit 1946–49, das über ein Logbuch der Zeitereignisse hinausgeht, das die Wirklichkeit nicht nur in den Fakten sucht, sondern gleichwertig in Fiktionen, schließlich der Roman *Stiller*, vorgelegt als Tagebuch eines Gefangenen, der sich selbst entfliehen will, auch der Roman *Homo faber*, vorgelegt als Tagebuch eines Moribunden –: man kann wohl sagen, die Tagebuchform ist eigentümlich für den Verfasser meines Namens (...)."[4]

Stiller: Inhalt und Thematik

Der im „Werkstattgespräch" mit Horst Bienek erwähnte Roman *Stiller* handelt von Anatol Stiller, einem Bildhauer, der die Identität des Mr. White annimmt. Stiller, unzufrieden mit seiner Existenz, verlässt seine Ehefrau, die Tänzerin Julika Tschudy-Stiller, kehrt sich von seinem Bekanntenkreis ab, gibt seinen Beruf als Bildhauer auf und flieht aus seiner Heimat, der Schweiz. Als er nach sechs Jahren als Mr. White in die Schweiz zurückkehrt, ohne dass die Gründe für diese Rückkehr deutlich werden, wird er an der Grenze verhaftet und sieht sich falschen Verdächtigungen ausgesetzt. Sein Pass, auf den Namen White ausgestellt, wird als Fälschung erkannt. Seine Weigerung, Stiller zu sein, muss er schließlich aufgeben; er wird dazu verurteilt, seine Identität als Stiller anzunehmen und weiterzuführen. Stiller zieht sich schließlich in das Touristendorf Glion am Genfer See zurück, unfähig, weiterhin künstlerisch-produktiv tätig zu sein, und ist – nach dem Tode seiner Frau – allein.

---

4 Zitiert nach: Jurgensen (Hrsg.), S. 19.

2.3 Angaben und Erläuterungen zu wesentlichen Werken

Der Roman *Stiller* besteht aus zwei Teilen. Der erste Teil enthält sieben Tagebuchhefte, die James Larkin White im Gefängnis verfasst, um zu beweisen, dass er nicht Stiller ist („Ich bin nicht Stiller" lautet der erste Satz). Von seinem Verteidiger aufgefordert, sein Leben niederzuschreiben, verfasst der im Zürcher Gefängnis einsitzende Häftling diese Tagebücher, in denen es immer wieder um die Rollenannahme, die Nichtigkeit der Existenz, die Leere des Lebens und die Identität geht. Gleichzeitig wird das Tagebuch aber zum Zeugnis der Existenz überhaupt. Der zweite Teil des Romans besteht aus dem Nachwort des Staatsanwalts, der über die weitere Existenz des Verfassers der Tagebücher berichtet, den das Gericht dazu verurteilt hat, die Identität Stillers anzunehmen.

Stiller: Aufbau und Erzählweise

„Nimmt man alle Fakten zusammen, die im Roman ausgebreitet werden, so ergibt sich: Der Icherzähler ist der vermisste Anatol Ludwig Stiller. Aber deutlich wird auch: Er ist nicht oder will der nicht sein, für den ihn die Mitwelt hält. Deswegen hat er sich ein zweites Leben wie einen Schutzmantel umgelegt, hat sich in eine andere Identität geflüchtet, in eine Hülle, die er mit Fleiß und Fantasie auskleidet. Er betreibt damit übrigens das Geschäft des Schriftstellers: Er erfindet sich eine Geschichte, um seine eigene besser verbergen zu können."[5]

Der Roman *Homo faber* gilt als **„Komplementärroman"** zu *Stiller*.[6] Zwei „Stationen" finden sich in *Homo faber*, zwei Erzählteile in *Stiller*. Beide Romane enthalten „berichtende" Elemente und diaristische Aufzeichnungen. Stiller verkörpert den Typus des Künstlers, hinter dem der **homo ludens** aufscheint, Walter Faber, der Rati-

homo ludens und homo faber

---
5 Hage, S. 64.
6 Vgl. Stephan, *Frisch KLG*, S. 11.

HOMO FABER 21

2.3 Angaben und Erläuterungen zu wesentlichen Werken

onalist des technischen Zeitalters, der Ingenieur und „Macher" **(homo faber)**. Anatol Stiller nimmt eine andere Identität an, Walter Faber muss eine falsche Identität aufgeben. Beide, der Künstler und der Techniker, scheitern, wenngleich aus unterschiedlichen Gründen.

Andorra: Handlung und Thematik

Um die **Annahme einer falschen Identität** und die Bildnis-Thematik geht es auch in Max Frischs – neben *Biedermann und die Brandstifter* – wohl bekanntestem Drama, seinem 1961 in Zürich uraufgeführten Stück *Andorra*. In diesem Stück demonstriert Frisch die Macht von Vorurteilen und Bildnissen am Beispiel des Jungen Andri. Der lebt, als vermeintlicher Jude, unter den Andorranern als ganz gewöhnlicher Jugendlicher, der sich von seinen Altersgenossen im Grunde durch nichts unterscheidet. Immer wieder sieht er sich aber mit Einstellungen und Haltungen der Andorraner konfrontiert, die an ihm angeblich typisch jüdische Eigenschaften und Verhaltensweisen festzustellen glauben. Wehrt sich Andri zunächst gegen das Anderssein, nimmt er die ihm zugewiesene Rolle schließlich an, als der Lehrer, der das angebliche Judenkind einst gerettet haben will, es ihm verweigert, seine Tochter Barblin zu heiraten.

Andri glaubt, diese Weigerung erfolge, weil er Jude sei. In Wirklichkeit ist er aber der Sohn des Lehrers und einer „Schwarzen", somit Halbbruder von Barblin. Die „Schwarzen" sind mit den Andorranern verfeindet und ihnen militärisch überlegen. Aus Scham vor der Wahrheit, ein Kind mit einer Angehörigen des verfeindeten Volkes zu haben, hat der Lehrer die Legende vom geretteten Judenkind Andri in die Welt gesetzt. Als die „Schwarzen" Andorra überfallen, wird Andri von einem „Judenschauer" als Jude klassifiziert und getötet. Das Stück zeigt, wie Andri zum Juden gemacht wird, und es zeigt, in Rechtfertigungsmonologen der Andorraner, die zwischen die Szenen der Andri-Handlung

Thema Antisemitismus und Nationalsozialismus

2.3 Angaben und Erläuterungen zu wesentlichen Werken

gesetzt sind, die Versuche der Andorraner, ihr Verhalten zu entschuldigen. Frischs Parabel, der durchaus auch der Vorwurf gemacht worden ist, das Thema Antisemitismus und Nationalsozialismus im unverbindlichen Nirgendwo anzusiedeln, ist der Versuch, die im *Tagebuch (1946–1949)* angesprochene Bildnis-Thematik mit den Mitteln des Theaters zu entfalten. Im *Tagebuch* hatte Frisch notiert:

Bildnis-Thematik

„Du sollst dir kein Bildnis machen, heißt es, von Gott. Es dürfte auch in diesem Sinne gelten: Gott als das Lebendige in jedem Menschen, das, was nicht erfaßbar ist. Es ist eine Versündigung, die wir, so wie sie an uns begangen wird, fast ohne Unterlaß wieder begehen. – Ausgenommen wenn wir lieben."[7]

---

[7] Zitiert nach: Peren-Eckert/Greese, S. 72.

3. TEXTANALYSE UND -INTERPRETATION

3.1 Entstehung und Quellen

ZUSAMMENFASSUNG

→ Als eine Quelle des Romans wird eine Skizze in Frischs *Tagebuch* aus dem Jahre 1946 angesehen. Bedeutender sind aber wahrscheinlich Eindrücke von den Reisen, die Frisch zur Zeit der Entstehung des Romans unternahm, so etwa in die USA, nach Italien, Griechenland und Kuba.
→ 1946: *Skizze* im Tagebuch
→ 1950er Jahre: Reisen Max Frischs
→ 1955: Beginn der Arbeit an *Homo faber*
→ 1957: Veröffentlichung des Romans

Skizze im Tagebuch

In der begleitenden Fachliteratur wird bei der Frage nach den Quellen des *Homo faber* gelegentlich auf eine im *Tagebuch* festgehaltene Skizze von Max Frisch aus dem Jahre 1946 verwiesen, in der ein Kurier mit einer „Botschaft" nach Prag reist.[8] Im Traum erinnert sich der Mann an eine frühere Geliebte, die er aber aus „praktischen" Gründen verlassen hat. Das Traumbild der Frau fragt ihn danach, wo seine „Botschaft" geblieben sei. Und tatsächlich kann der Mann die „Botschaft" nicht mehr finden, als er erwacht. Beim Gang durch die Straßen der Stadt begegnet ihm ein Mädchen, das ihn magisch anzieht. In dem Mann keimt der Gedanke auf, es könne sich um seine Tochter, das gemeinsame Kind mit jener Frau aus dem Traum, handeln. Er macht sich auf die Suche nach der in der Stadt verschwundenen jungen Frau, findet sie je-

---

8 Vgl. Franzen, S. 119.

3.1 Entstehung und Quellen

doch nicht. Am folgenden Tag will er seine Gedanken zunächst als Hirngespinste abtun, wird dann aber von der Idee besessen, er habe die junge Frau vielleicht deshalb nicht gefunden, weil ihr ein Unglück zugestoßen sei. Er begibt sich ins Leichenschauhaus; doch die Leiche, die man ihm dort zeigt, ist nicht das junge Mädchen, sondern die Leiche einer schwangeren Frau.

Motivanklänge und auch Anklänge hinsichtlich der Figurenkonstellation lassen sich zwischen der frühen Skizze und *Homo faber* durchaus erkennen, so etwa die Anziehungskraft, die das junge Mädchen auf den Mann ausübt, die **Vater-Tochter-Konstellation** (im *Homo faber* als Wirklichkeit gestaltet und nicht nur in der Einbildung), das **Verlassen einer Frau** (im *Homo faber* verlässt Walter Faber Hanna). Dennoch darf die Bedeutung dieser Skizze wohl insgesamt nicht überbewertet werden, denn zu vielschichtig und vielgestaltig sind die Voraussetzungen für Frischs *Homo-faber*-Roman, mit dessen Erarbeitung der Autor im Jahre 1955 begonnen hat.

Motivanklänge

In die Entstehungszeit des Romans fallen Reisen von Max Frisch, deren Stationen teilweise auch als **Schauplätze des Romans** auftauchen. So besichtigt Frisch während eines Aufenthalts in Italien (1956) das Thermenmuseum in Rom, das auch Faber und Sabeth besuchen (vgl. S. 119); er fährt (von Neapel aus) mit dem Schiff nach New York, besucht während des Amerika-Aufenthalts auch noch die Halbinsel Yucatán und Havanna. Berücksichtigt man neben diesen Reisezielen auch noch Frischs **Griechenlandreise** im Mai des Jahres 1957, deren Stationen u. a. Korinth und Athen sind, so ergibt sich eine weitgehende **Deckungsgleichheit** zwischen den Reisen Walter Fabers im Roman und den Reisen des Autors Frisch in der Entstehungszeit

Die Reisen von Max Frisch

3.1 Entstehung und Quellen

Zufall und Wahrscheinlichkeit

des Romans.[9] Der Entstehung des *Homo faber* geht auch eine intensive Beschäftigung Frischs mit **philosophischen, technischen und naturwissenschaftlichen Fragestellungen** voraus, vor allem mit Problemen der Wahrscheinlichkeitslehre. Die von Frisch zu diesem Thema gelesene Literatur[10] bildet den wissenschaftlichen Hintergrund für Walter Fabers Weltanschauung und die Rolle, die der Zufall darin einnimmt.

„Ich glaube nicht an Fügung und Schicksal, als Techniker bin ich gewohnt mit den Formeln der Wahrscheinlichkeit zu rechnen. (…) Ich bestreite nicht: Es war mehr als ein Zufall, daß alles so gekommen ist, es war eine ganze Kette von Zufällen. Aber wieso Fügung?" (S. 23)

Gerade aus dem Gegensatz von **Zufall und Schicksal** (oder aus der Durchdringung der beiden Pole) entsteht aber der „Witz des Buches", den Max Frisch Schülern in einem Gespräch einmal so erklärt hat:

Max Frisch über den „Kniff" des Homo faber

„Der Witz des Buches, der Kniff, sagen wir mal, ist ja der: Es ist die unwahrscheinlichste Geschichte, die man sich ersinnen kann, nicht? Da ist wirklich ein Zufall nach dem andern: Auf dem Schiff trifft er die Tochter, er trifft den Schwager seiner Frau (…). Wenn ich das mit Schicksalsgläubigkeit erzählen würde, so würde jeder mit Recht nach fünfzehn Seiten auflachen und sagen: ‚Das auch noch! Hab ich's mir doch gedacht! Und wen trifft er jetzt?' (…) Und der Witz daran ist, daß ein Mensch,

---

9 Vgl. Walter Schmitz, *Die Entstehung von Homo faber. Ein Bericht.* In: Schmitz (Hrsg.), *Homo faber*, S. 68.
10 Vgl. das Titelverzeichnis in Schmitz (Hrsg.), *Homo faber*, S. 69.

3.1 Entstehung und Quellen

der in seinem Denken die Zufälligkeit postuliert, eine Schicksalsgeschichte erlebt."[11]

Der **Endfassung** von *Homo faber* ist eine Manuskriptfassung vorausgegangen, die Frisch im Februar 1957 dem Suhrkamp Verlag zugesandt hatte, die er aber am 21. April 1957 wieder zurückzog. „Unterdessen ist bei mir die Entscheidung gefallen. Ich ziehe den HOMO FABER zurück – ohne verzweifelt zu sein deswegen"[12], hatte Frisch seinem Verleger Peter Suhrkamp geschrieben. Vor allem mit dem Stil, mit der Sprache war Frisch unzufrieden. Schon drei Tage nach der Zurücknahme des ersten Manuskripts sandte Frisch einen weiteren Brief an Suhrkamp, in dem er ihm eine **Kompositionsskizze** beilegte. Die gegenüber der ersten Fassung vorgenommene wesentliche Änderung besteht in der zweiteiligen Kompositionsstruktur, einem ersten Teil, der den Titel „Die Super-Constellation/Caracas, im Juli" trägt und der etwa 260–280 Seiten umfassen soll, und einem zweiten Teil von rund 60–80 Seiten Umfang, der den Titel haben soll: „Die Eumeniden/Athen im August".

Diese Kompositionsskizze stellt die Grundlage für den Roman in seiner heutigen Form dar, und wie im Roman beginnt der erste Teil mit dem Bericht über Flug und Notlandung und endet der zweite mit dem Satz „Sie kommen."[13] Am 7. Juli 1957 erscheint der Roman als **Vorabdruck** in der „Neuen Zürcher Zeitung" unter dem Titel *Ich preise das Leben*. Im Oktober des gleichen Jahres wird der Roman in Buchfassung im Suhrkamp Verlag veröffentlicht.

Auf dem Weg zum Roman

Zweiteilige Kompositionsstruktur

Mit dem Satz „Sie kommen" endet auch der Erinnerungsmonolog Kassandras in Christa Wolfs gleichnamiger Erzählung. Kassandra steht nicht Ärzten, sondern ihren Mördern gegenüber.

---

11 Max Frisch, zitiert nach: Peren-Eckert/Greese, S. 5.
12 Zitiert nach: Schmitz (Hrsg.), *Homo faber*, S. 63.
13 Siehe zu dieser Skizze ausführlich *Homo faber, Kommentar*, S. 256.

3.2 Inhaltsangabe

3.2 Inhaltsangabe

ZUSAMMEN-FASSUNG

> → Der Roman umfasst zwei **„Stationen"**. Eine direkte Einteilung in Kapitel gibt es nicht; durch Absätze (Leerzeilen) lassen sich aber Unterabschnitte erkennen.
> → Der Ingenieur **Walter Faber**, Protagonist und Verfasser des „Berichts", lernt auf einer Schiffsreise eine junge Frau **(Sabeth)** kennen und verliebt sich in sie. Bei einem Aufenthalt in Paris trifft Faber Sabeth wieder und begleitet sie nach Griechenland, wo Sabeth ihre Mutter besuchen will. In Frankreich kommt es zu einer Liebesnacht zwischen den beiden. Allmählich wird Faber klar, dass Sabeth seine leibliche Tochter ist und ihre Mutter seine frühere Geliebte **Hanna**, die er seinerzeit verlassen hatte, als sie schwanger wurde. Entgegen der Absprache hat Hanna das gemeinsame Kind aber nicht abtreiben lassen.
> → In Griechenland kommt es zu einem Unfall, an dessen Folgen Sabeth stirbt. Faber selbst trifft Hanna wieder. Er muss sich in Athen in ein Krankenhaus einweisen lassen, um sich einer Magenoperation (Krebs) zu unterziehen. Er überlebt diese Operation nicht.

Der Roman präsentiert uns die Geschichte seines Protagonisten Walter Faber nicht in einem chronologisch organisierten Handlungsstrang, vielmehr weichen Chronologie und Handlung im Erzählverlauf voneinander ab. Um den Zugang zum Roman zu erleichtern, wird nun zunächst der stark geraffte **Handlungskern** in **chronologischer Abfolge** präsentiert. Etwas ausführlicher erfolgt dann die Darstellung des **Romaninhalts im Erzählverlauf**.

3.2 Inhaltsangabe

(Geraffter) Handlungskern in chronologischer Abfolge
Vorgeschichte

In den Jahren 1933–1935 arbeitet Walter Faber an der Eidgenössischen Technischen Hochschule in Zürich; während der Arbeit an seiner Dissertation lernt der Ingenieur Hanna Landsberg kennen, die Kunstgeschichte studiert. Hanna Landsberg, eine „**Halbjüdin**" aus München, wird Fabers Geliebte. Faber bekommt eine Stelle in Bagdad angeboten und fordert Hanna, die mittlerweile schwanger von ihm ist, auf, ihn dorthin zu begleiten und seine Ehefrau zu werden. Zur Heirat kommt es jedoch nicht, weil Hanna kurz vor der Eheschließung ihre Zusage, Faber zu heiraten, zurückzieht. **Faber geht ohne Hanna nach Bagdad.** Bei ihrer Trennung (1936) vereinbaren sie, dass Joachim Hencke, Medizinstudent und Fabers Freund, an Hanna eine Abtreibung vornehmen soll.

Dazu kommt es jedoch nicht – was Faber allerdings nicht erfährt. **Hanna und Joachim Hencke** heiraten, Hanna trägt das Kind aus, das den Namen Elisabeth bekommt (1937). Nach der Scheidung von Joachim Hencke, ihre Ehe dauert nur eine kurze Zeit, leben Hanna und ihre Tochter zunächst in Paris (1938), dann in England, wohin sie vor den Truppen Hitlers fliehen (ab 1941). Dort heiratet Hanna den **deutschen Kommunisten Piper** – aber auch diese Ehe hält nicht lange. Hanna ist englische Staatsbürgerin geworden, entschließt sich aber, nicht in England zu leben, sondern zieht 1953 mit Elisabeth nach Griechenland, wo sie als wissenschaftliche Mitarbeiterin an einem Archäologischen Institut in Athen arbeitet. Die neunzehnjährige Elisabeth geht im Jahre 1956 für ein Jahr als Stipendiatin in die USA (Yale Universität). Walter Faber lebt seit 1946 in New York. Der Ingenieur arbeitet mittlerweile für die UNESCO und reist in der Welt umher, um Entwicklungsprojekte technisch zu betreuen (Montage von Turbinen).

Schwangerschaft und Trennung

3.2 Inhaltsangabe

Fabel (plot)
"Erste Station"

In der Nacht des 25. 3. 1957 bricht Faber vom New Yorker Flughafen nach Caracas auf, um dort die Montage einer Turbine zu überwachen.[14] Die Maschine landet in Houston (Texas) zwischen. Faber wird von Magenschmerzen geplagt, erleidet einen Ohnmachtsanfall und entschließt sich, den Flug nicht fortzusetzen. Letztlich geht er auf das Drängen einer Stewardess hin doch wieder an Bord. Wenige Stunden später muss das Flugzeug wegen eines Motorschadens **in der Wüste von Tamaulipas/Mexiko notlanden**. Während des Wartens in der Wüste, der Aufenthalt dort dauert 85 Stunden, lernt Faber einen Mitreisenden näher kennen, neben dem er im Flugzeug gesessen hat und der ihm zunächst unangenehm aufgefallen war. Es stellt sich heraus, dass es sich bei diesem Mitreisenden um Herbert Hencke handelt, den Bruder von Fabers Studienfreund Joachim Hencke, der Fabers einstige Geliebte Hanna geheiratet hat. Herbert Hencke ist auf der Suche nach seinem Bruder, der im Dschungel von Guatemala eine Plantage leitet. Faber ändert, ganz gegen seine Gewohnheiten, seine Reisepläne. Er bricht seine Dienstreise ab und begleitet Herbert auf der Suche nach seinem Bruder. Von Mexico-City aus fliegen sie nach Campeche, von dort reisen sie mit dem Zug nach Palenque, wo sie fünf Tage Aufenthalt haben, bis sie mit einem Landrover die Fahrt zur Plantage antreten können, die mehrere Tage in Anspruch nimmt. Dort finden sie Joachim tot vor. Er hat sich erhängt. Obwohl Faber ihm davon abrät, will Herbert die Plantage an Stelle seines Bruders leiten und **bleibt im Dschungel zurück**. Faber

Joachims Bruder Herbert Hencke

---

[14] In der Fachliteratur finden sich teils unterschiedliche Daten, so wird z. B. in Kästler, S. 24, der Abflugtermin auf den 1. April gelegt. Der Grund: Max Frisch hat erst 1977 die in sich widersprüchlichen Datierungen von Fabers Reisen korrigiert.

3.2 Inhaltsangabe

kehrt nach Mexiko-City zurück und begibt sich von dort nach Caracas, um seinen Arbeitsauftrag doch noch auszuführen. Weil die Turbinen noch verpackt im Hafen liegen, fliegt Faber nach New York zurück, wo er von seiner **Freundin Ivy** erwartet wird, der er allerdings aus Tamaulipas brieflich mitgeteilt hat, dass er sich von ihr endgültig trennen wolle. Um den Bruch mit Ivy zu beschleunigen, bucht Faber schon für den 22. 4., einen Tag nach seiner Ankunft in New York, eine Schiffsreise nach Europa, anstatt, wie ursprünglich vorgesehen, eine Woche später mit dem Flugzeug nach Paris zu reisen, wo er an einer Konferenz teilnehmen soll.

Auf der **Überfahrt**, die fünf Tage dauert, lernt er die zwanzigjährige Studentin Elisabeth kennen, die nach einem Stipendium aus Amerika nach Athen zurückkehrt, wohin sie von Paris aus bis Rom per Anhalter gelangen will. Zwischen den beiden entwickelt sich ein Liebesverhältnis. Faber feiert am 29. 4., am letzten Abend an Bord, das Schiff liegt in Southampton, seinen 50. Geburtstag. Er macht Sabeth (wie er sie nennt) einen Heiratsantrag, der jedoch unbeantwortet bleibt. Am folgenden Tag läuft das Schiff in Le Havre ein, Faber und Sabeth trennen sich.

Während seiner freien Zeit besucht Faber **in Paris** mehrfach den Louvre und begegnet schließlich dort Sabeth wieder. Faber macht Sabeth den Vorschlag, sie nach Athen per Wagen zu begleiten. Sabeth willigt ein. Faber bekommt nach Abschluss der Konferenz Urlaub zugestanden. Mit dem Citroën seines Vorgesetzten treten sie die gemeinsame Reise durch Frankreich und Italien nach Griechenland an. In Avignon kommt es zur Liebesnacht zwischen Faber und Sabeth. Bei einem Aufenthalt in der Via Appia in Rom erfährt Faber, dass Sabeths Mutter seine frühere Geliebte Hanna ist.

Fabers Heiratsantrag

3.2 Inhaltsangabe

Sam Shepard als Walter Faber und Judy Delpy als Sabeth in Volker Schlöndorffs Film aus dem Jahr 1991
© ullstein bild – united archives

3.2 Inhaltsangabe

Für einen kurzen Moment streift ihn der Gedanke, Sabeth könne seine Tochter sein. Doch wird dieser Gedanke schließlich von der Überzeugung verdrängt, bei Sabeth müsse es sich um die Tochter von Hanna Landsberg und Joachim Hencke handeln. Faber und Sabeth setzen ihre Reise fort. Sie gelangen nach **Korinth**, wo sie aber kein Hotelzimmer bekommen. Sie beschließen, auf Akrokorinth eine Nacht im Freien zu verbringen. Am Morgen des 26.5. gehen Faber und Sabeth ans Meer. Faber badet, während Sabeth noch schläft. Sie wird **von einer giftigen Aspisviper gebissen.** Faber eilt Sabeth zu Hilfe, die jedoch bei seinem Näherkommen rücklings eine Böschung herabstürzt und in eine Ohnmacht fällt. Faber bringt Sabeth unter schwierigsten Umständen in ein Hospital nach Athen. Dort begegnet er Hanna, die man ans Krankenbett ihrer Tochter gerufen hat. Faber wird endgültig klar, dass er ein inzestuöses Verhältnis mit seiner eigenen Tochter hatte. Am 28.5. fahren Faber und Hanna zum Strand von Korinth, um dort Fabers zurückgelassene Sachen zu holen. Als sie am Nachmittag ins Krankenhaus zurückkehren, müssen sie erfahren, dass Sabeth verstorben ist. Todesursache ist jedoch nicht der Schlangenbiss, sondern eine **Fraktur der Schädelbasis**, die sich Sabeth beim Sturz zugezogen hatte und unerkannt geblieben ist, aber erfolgreich hätte behandelt werden können, wenn sie denn diagnostiziert worden wäre.

Mit diesem Ereignis endet die „Erste Station".

3.2 Inhaltsangabe

„Zweite Station"

Im Krankenhaus Im Krankenhaus beginnt Faber rückblickend mit dem zweiten Teil seiner Aufzeichnungen. Am 1.6. ist Faber wieder in New York und nimmt an einer Party teil, aber schon am folgenden Tag bricht er nach Caracas auf. Heftige Magenschmerzen zwingen ihn zu einer Unterbrechung der Reise in Merida (Flugroute Miami – Merida – Yucatan). Von dort aus macht er sich auf den Weg zur **Tabakplantage in Guatemala**, auf der Herbert Hencke immer noch lebt. Herbert Hencke hat jegliches Interesse an einer Rückkehr nach Deutschland verloren, überhaupt scheint er verändert. Faber repariert Henckes Auto und setzt dann seine Reise nach Caracas fort. Die dort mittlerweile vorbereitete Montage der Turbinen kann Faber aber nicht in Angriff nehmen, weil seine starken Magenbeschwerden ihn ans Bett fesseln. Vom 20.6. bis zum 8.7. hält Faber sich in Caracas auf, wo er seinen ersten Bericht an Hanna abfasst. Faber verlässt Caracas, verbringt (ab dem 9.7.) vier Tage in Havanna auf Kuba, von dort aus begibt er sich nach Düsseldorf. In Düsseldorf angekommen (15.7.), spricht Faber bei der Firma Hencke-Bosch vor, um dort vom Tod Joachims zu berichten und die Filme zu zeigen, die er auf der Plantage gedreht hat. Bei der Zollkontrolle sind sämtliche **Filmrollen durcheinandergeraten,** so dass Faber alle Filme durchlaufen lassen muss. Darunter sind auch Filme, die er während seines Beisammenseins mit Sabeth gedreht hat. Die Konfrontation mit den Aufnahmen seiner jetzt toten Tochter erschüttert Faber zutiefst. Er verlässt die Firma, fährt mit dem Zug nach Zürich, von dort aus mit dem Flugzeug nach Mailand. Er benachrichtigt Hanna, dass er auf dem Wege nach Athen ist. Während eines Zwischenaufenthaltes in Rom kündigt er seine Stelle bei der UNESCO. Am 18.7. trifft er in Athen ein, wo ihn Hanna am Flughafen abholt. Da sie ebenfalls ihre Stelle aufgegeben hat und nicht mehr in ihrer Wohnung, sondern einer Pension lebt, kann

3.2 Inhaltsangabe

Faber nicht bei ihr unterkommen, so dass er in ein Hotel zieht. Doch bereits am folgenden Tag muss er sich wegen seiner Magenschmerzen in ein Athener Krankenhaus begeben. Dort beginnt er mit den Aufzeichnungen der „Zweiten Station" (19.7.). Während Faber **auf seine Operation wartet**, besucht ihn Hanna täglich. Die Aufzeichnungen enden am Morgen des Tages der Operation (26.7.). Faber weiß, dass er diese Operation nicht überleben wird. Mit dem Satz „08.05 Uhr Sie kommen." (S.220) endet die „Zweite Station".

Romaninhalt im Erzählverlauf
„Erste Station"

(ab S.7) Abschied von Ivy, verspäteter Abflug von La Guardia, Bekanntschaft mit einem Deutschen, Magenschmerzen Fabers; — Abflug

(ab S.11) Zwischenstopp in Houston (Texas), Faber fällt im Waschraum des Flughafens in eine kurze Ohnmacht, entscheidet sich, nicht weiterzufliegen, reagiert nicht auf die Aufrufe, an Bord zu kommen, versteckt sich, bis die Ausrufe enden, wird dann aber doch von einer Stewardess entdeckt und an Bord genötigt. — Zwischenstopp in Houston

(ab S.14) Weiterflug, näherer Kontakt zu dem deutschen Mitreisenden, Motorschaden am Flugzeug, das aber mit drei Motoren weiterfliegt und Kurs auf Tampico nimmt, ohne Erklärung dann aber plötzlich die Sierra Madre Oriental überfliegt. — Motorschaden

(ab S.20) Das Flugzeug, jetzt über der Wüste von Tamaulipas, fliegt immer unruhiger, muss schließlich notlanden, Faber übersteht die Landung unverletzt. — Notlandung

3.2 Inhaltsangabe

Reflexion über Schicksal

(S. 23/24) Reflexion Fabers über Schicksal, Zufall und Wahrscheinlichkeit, Verweis auf Literatur zur Thematik.

Aufenthalt in der Wüste

(ab S. 24) Der Aufenthalt in der Wüste dauert 85 Stunden, Fabers Mitreisender entpuppt sich als Herbert Hencke, der Bruder von Fabers Studienfreund Joachim. Von ihm erfährt er auch, dass Joachim mit Hanna Landsberg, einer einstigen Geliebten Fabers, verheiratet gewesen ist, die Ehe aber längst geschieden worden ist; von Herbert erfährt Faber auch, dass Hanna, die Halbjüdin ist, nach Paris emigriert ist. Faber schreibt einen Abschiedsbrief an seine Freundin Ivy in New York.

Rückblick auf die Jahre 1933 bis 1935

(S. 35) In einem Rückblick geht Faber auf die Jahre 1933 bis 1935 und die Bekanntschaft mit Hanna ein, erläutert Gründe, die gegen eine Heirat gesprochen haben.

Mit Herbert nach Guatemala

(ab S. 35) Nach der Behebung des Motorschadens erreicht die Maschine Mexiko-City; auf dem Flugplatz entschließt sich Faber, seine Dienstreise nach Caracas, wo er Turbinen montieren soll, zu unterbrechen, um gemeinsam mit Herbert Joachim in Guatemala zu besuchen. Beide fliegen nach Campeche, wo sie auf einen Zug warten müssen, Faber überlegt, gelangweilt vom Warten, doch seine ursprüngliche Reise fortzusetzen, bleibt dann aber; während der Zugfahrt nach Palenque erfährt Faber von der Tochter Hannas.

Im Dschungel

(ab S. 40) In Palenque folgen erneut Tage des Wartens, bis Faber und Herbert einen Landrover bekommen, die Eintönigkeit des Wartens wird lediglich durch die Bekanntschaft mit dem Musiker Marcel, der aus Boston stammt und sich für die Kultur der Maya

3.2 Inhaltsangabe

begeistert, abgemildert. Der Dschungel, die Hitze und das Warten setzen Faber zu, er denkt an Umkehr; durch Marcel kommen sie an einen Landrover, dessen Motor Faber überholt.

(ab S. 49) In einem zweiten Rückblick geht Faber auf die Zeit mit Hanna ein, die Deutschland hatte verlassen müssen und nun in der Schweiz Kunstgeschichte studiert; Hanna gibt ihm den Namen *Homo faber*. Faber bekommt das Angebot, für die Firma Escher-Wyss in Bagdad zu arbeiten, genau an diesem Tag erfährt er auch, dass Hanna schwanger ist; Fabers Freund Joachim (Mediziner im Staatsexamen) erklärt sich bereit, einen Schwangerschaftsabbruch vorzunehmen, Faber bietet Hanna die Heirat an, die sie aber ablehnt. Hanna trennt sich von Faber.

Zweiter Rückblick

(ab S. 52) Die Fahrt durch den Dschungel erweist sich als mühselig, am ersten Tag schaffen die Reisenden 39 Meilen, am zweiten Tag nur 19 Meilen; insgesamt dauert die Fahrt vier Tage. Faber unterhält sich während der Fahrt häufig mit Marcel, der Fabers Weltanschauung und Lebensstil in Zweifel zieht; als Faber bereits auf Umkehr drängt, entdeckt Marcel Reifenspuren, die sie schließlich zur Tabakplantage führen, wo sie in einer Baracke Joachim tot vorfinden (er hat sich erhängt). Herbert entschließt sich, auf der Farm zu bleiben und die Stelle seines Bruders einzunehmen, Marcel muss seine Arbeit wieder aufnehmen (er spielt in einem Symphonieorchester), Faber will seinen Auftrag in Caracas erfüllen.

Auf der Suche nach Joachim

(ab S. 60) In einem erneuten Rückblick in das Jahr 1936 geht Faber der Frage nach, warum Hanna und Joachim überhaupt geheiratet haben. Er schildert, wie Hanna am Tag ihrer geplanten Hochzeit, zu der sich beide doch noch entschlossen hatten, plötzlich

Erneuter Rückblick

3.2 Inhaltsangabe

aus dem Vorraum zum Trauungszimmer verschwunden ist; als er sie an der Limmat (Fluss in Zürich) findet, weigert sie sich, Faber zu heiraten mit der Begründung, er wolle sie nur ehelichen, um zu beweisen, dass er kein Antisemit sei. Noch eine Woche bleibt Faber in Zürich, bevor er nach Bagdad aufbrechen muss; Hanna verspricht, nach seiner Abreise zu Joachim zu gehen, um die Abtreibung vorzunehmen. Faber bricht nach Bagdad auf und hört nichts mehr von Hanna.

Bei Ivy in New York

(ab S. 62) Faber fliegt bereits nach einem zweitägigen Aufenthalt in Caracas nach New York, denn die Turbinen, deren Montage er leiten soll, liegen noch in Kisten verpackt im Hafen. Er wird von Ivy erwartet, obwohl er ihr schriftlich mitgeteilt hat, dass er die Beziehung nicht fortsetzen will; es kommt zwischen ihnen zu einem Streit; anstatt, wie ursprünglich geplant, mit dem Flugzeug erst in einer Woche nach Paris zu fliegen, bucht Faber für den folgenden Tag eine Schiffspassage nach Europa. Ivy ist enttäuscht und zornig, vermutet aber, Faber habe Flugangst. Faber teilt Ivy mit, dass er vorhabe, seine New Yorker Wohnung aufzugeben; Ivy reagiert relativ gefasst, sie entschließen sich, ins Kino zu gehen. Faber will sich noch rasieren, aber der Apparat funktioniert nicht.

Reflexion über den Zufall

(S. 68) In einem Einschub reflektiert Faber über den Zufall; der defekte Rasierapparat hält Faber nämlich in der Wohnung, so dass ihn ein Anruf erreicht, in dem ihm mitgeteilt wird, die Buchung der Reise setze voraus, dass er bis 22.00 Uhr seinen Pass vorzeige. In einer Vorausdeutung betont Faber, dass es der Zufall des defekten Apparats gewesen sei, der zur Buchung der Reise und damit zur Begegnung mit seiner Tochter geführt habe.

3.2 Inhaltsangabe

(ab S. 69) Faber verzögert nach der Buchung der Reise die Rückkehr in seine Wohnung, um Ivy nicht mehr zu begegnen, von der Faber letztlich nicht wirklich etwas weiß; Ivy aber erwartet Faber in der Wohnung, verführt ihn; Faber ruft gegen Mitternacht seinen Bekannten Dick an und fordert ihn auf, mit der Abendgesellschaft, die bei ihm ist, zu kommen, um Abschied zu feiern. Mit den ihm völlig unbekannten Menschen feiert Faber die Nacht durch. Am anderen Morgen, es ist der 22. 4., bringt Ivy Faber zum Schiff; zum Abschied filmt Faber Ivy mit seinem neuen Tele-Objektiv.

Abschiedsfeier mit Dick

(ab S. 73) Seine Rückreise von der Plantage erzählt Faber in einer Rückblende; Faber schildert diese Fahrt als Erlebnis des kreislaufhaften Werdens und Vergehens der Natur; erneut wird sein Ekel vor dem pflanzenhaft Wuchernden des Dschungels deutlich; er selbst will eingeäschert werden, um nicht in der Erde zu verwesen. Ohne Zwischenstopp beenden Faber und Marcel ihre Fahrt mit dem Landrover.

Rückblende: Rückkehr aus dem Dschungel

(ab S. 75) Kurz nach der Ausfahrt aus dem Hafen sieht Faber zum ersten Mal das Mädchen, das in einer Warteschlange vor ihm steht und dessen zu einem Pferdeschwanz gebundenes blondes Haar ihm auffällt. Später sieht er sie erneut an Deck, wo sie Tischtennis mit einem jungen Mann spielt, sie aber bemerkt ihn nicht; als Faber am Nachmittag zu seiner Kabine geht, hebt er einen Ping-Pong-Ball auf, das Mädchen bedankt sich.

Auf dem Schiff

(S. 78) In einem Einschub, der Rückblende und Vorausdeutung zugleich ist, beteuert Faber, dass er nicht habe wissen oder ahnen können, dass das Mädchen seine Tochter gewesen sei; Faber betont den Zufallscharakter der Begegnung, unterstreicht, dass er

Rückblende und Vorausdeutung

3.2 Inhaltsangabe

nicht in das Mädchen verliebt gewesen sei und dass alles ganz anders hätte kommen können.

Mit Sabeth auf dem Schiff

(ab S. 78) Am Abend des ersten Tages auf dem Schiff spielen Faber und das Mädchen Tischtennis, als ihr Begleiter auftaucht, brechen sie das Spiel ab. Vor dem Schlafengehen dreht Faber eine Runde an Deck und trifft das Mädchen, dessen Namen er nun mit Sabeth angibt, erneut wieder, er sieht sie Arm in Arm mit ihrem Ping-Pong-Freund. Am anderen Morgen spricht das Mädchen ihn an; Faber erklärt, dass er sie Sabeth genannt habe, weil er ihren richtigen Namen, der Elisabeth lautet, nicht leiden mochte; Faber hält ihr Vorträge über Kybernetik, Wahrscheinlichkeitslehre und Roboter, Sabeth hört interessiert zu. Immer wieder betont Faber in seinem Bericht, dass er sich im Grunde gar nicht für sie interessiert habe. Gelegentlich sieht Faber Sabeth an Bord; eines Morgens setzt sie sich zu ihm an den Frühstückstisch; Faber ist verärgert darüber, dass ein mit am Tisch sitzender Baptist aus Cleveland ein Gespräch über den Louvre in Paris, den Faber nicht kennt, ständig dazu ausnutzt, Sabeth anfassen zu können und ihr den Arm um die Schulter zu legen; später äußert Sabeth den Wunsch, einmal mit Faber den Maschinenraum des Schiffes zu besichtigen. Als sie erfährt, dass Faber keinen Decksessel hat, stellt sie ihm ihren zur Verfügung, so dass er ihren Nachnamen (Piper) erfährt.

Sabeths Ähnlichkeit mit Hanna

(ab S. 85) Faber denkt des Öfteren an Hanna, sieht gewisse Ähnlichkeiten zwischen Hanna und Sabeth, insistiert aber darauf, dass niemand habe annehmen können, dass das Mädchen, das Piper heißt, eine Tochter von Hanna sei; zum ersten Mal wird in einer **Vorausdeutung** auf die inzestuöse Beziehung hingewiesen, denn Faber betont, er hätte doch eine Tochter wie eine Tochter behan-

3.2 Inhaltsangabe

delt und er sei nicht pervers; alles sei damals natürlich gewesen und lediglich eine harmlose Reisebekanntschaft.

(ab S. 87) Als Sabeth seekrank wird, rivalisiert Faber mit dem jungen Begleiter Sabeths, der Grafiker ist, um ihre Nähe, beide Männer wollen sich um sie kümmern; Faber weiß bis dahin, dass Sabeth Pipers Mutter in Athen lebt, Herr Piper jedoch, ein überzeugter Kommunist, in Ostdeutschland, dass Sabeth Kinderärztin, Kunstgewerblerin oder Stewardess werden möchte und dass sie beabsichtigt, von Paris aus per Anhalter nach Rom zu fahren, und dann zu ihrer Mutter nach Athen will. Die Zeit an Bord vergeht, Faber erinnert sich an seinen toten Freund Joachim, erzählt Sabeth davon, aber ohne den Namen Joachim Hencke nur zu erwähnen; Faber filmt Sabeth, was sie aber zornig macht, so dass Faber annimmt, er sei ihr lästig geworden; Faber und Sabeth besuchen den Maschinenraum des Schiffes, wobei Faber technische Erläuterungen gibt, es aber zugleich zu einem Körperkontakt kommt, als Faber Sabeth von einer Leiter hebt. Am letzten Abend der Reise feiert Faber seinen 50. Geburtstag, was er Sabeth aber nicht sagt; zum Abschied wünscht er sich bei einem Gespräch an Deck von ihr, dass sie nicht Stewardess wird und nicht per Autostopp nach Rom fährt; er bietet ihr an, die Reise per Bahn oder Flugzeug zu bezahlen; es kommt zu einem Gespräch über Männer und Frauen, weil Sabeth vermutet, Faber sei traurig, weil allein; Faber wehrt sich gegen den Vorwurf, zynisch zu sein; als das Schiff in Southampton vor Anker liegt, macht Faber Sabeth einen Heiratsantrag, der aber ohne Antwort bleibt. Faber küsst Sabeth mehrfach. Am anderen Tag erreicht das Schiff Le Havre, Faber und Sabeth nehmen Abschied; Faber betont, er habe Sabeth gerngehabt, und unterstreicht noch einmal, dass er nicht habe wissen können, dass sie sein gemeinsames Kind mit Hanna gewesen sei.

Sabeths Eltern

Heiratsantrag

3.2 Inhaltsangabe

Paris: Louvre

(ab S. 104) In Paris nimmt Faber sofort Kontakt mit seinem Chef Williams auf, er wohnt in einem Hotel gegenüber dem Louvre; Williams bietet ihm an, ein wenig Urlaub zu machen, Faber ist über das Verhalten seines Chefs irritiert und verstimmt. Faber schildert einen Aufenthalt in einer Bar und macht sich Gedanken über das Männerbild bzw. die Männerrolle, seine Charakterzüge, sein Aussehen und seine mögliche Wirkung auf junge Frauen; Faber geht am Sonntag nach seinem Barbesuch in den Louvre, trifft Sabeth dort aber nicht; zum Arzt zu gehen, vergisst er.

Rückblick: die Gattin des Lehrers

(ab S. 107) An diese Überlegungen schließt Faber erneut einen Rückblick an und schildert sein erstes Liebesverhältnis, das er zur Gattin seines Lehrers hatte; Faber schließt die Erinnerung ab mit den Worten, nur die Beziehung zu Hanna sei nicht absurd gewesen.

Wiedersehen mit Sabeth

(ab S. 108) Bei einem seiner Gänge in den Louvre hat Faber Sabeth doch getroffen; Faber und Sabeth spazieren im Schneegestöber durch Paris; in einem Café verabreden sie sich für den Abend, um gemeinsam in die Oper zu gehen, was Faber bis zu diesem Zeitpunkt noch nie gemacht hat; wegen des Gesprächs mit Sabeth kommt Faber zur Konferenzsitzung etwas verspätet; er trifft Professor O., den er wegen seines durch ein Krebsleiden bedingten veränderten Aussehens zunächst nicht erkennt; die Einladung des Professors, der nach Meinung Fabers dem Tod nahe ist, schlägt Faber aus, stattdessen geht er auf das Angebot seines Chefs Williams ein, Urlaub zu nehmen; er sagt ihm, er wolle eine kleine Reise durch Frankreich und Italien machen, woraufhin ihm Williams seinen Citroën anbietet. Faber zieht sich für die Oper um und setzt sich in ein Café; er sieht Sabeth vorbeigehen, die sich ihrerseits in ein anderes Café setzt, um auf Faber zu warten; Faber beobachtet sie und ist glücklich.

3.2 Inhaltsangabe

(ab S. 113) Faber schiebt eine Reflexion über das Thema Schwangerschaftsunterbrechung ein, die er damit einleitet, dass er rückblickend noch einmal darlegt, warum er und Hanna einen Schwangerschaftsabbruch vereinbart hatten.

Reflexion über Abtreibungen

(ab S. 116) Faber beginnt mit der Schilderung der gemeinsamen Reise mit Sabeth – beide duzen sich inzwischen –, wobei er zunächst Stationen in Italien schildert (obwohl die Reise in Frankreich beginnt). Faber findet die vielen Museumsbesuche langweilig und anstrengend, will aber in der Nähe Sabeths sein, denkt immer wieder an eine Heirat. Faber macht auf Differenzen aufmerksam, die durch Alter, Lebenseinstellung, Lebenserfahrung und unterschiedliche Interessen bedingt sind; obwohl Faber sich nicht wirklich für Kunstwerke interessiert, begeistert ihn *Der Kopf einer schlafenden Erinnye* im Thermenmuseum in Rom. Bei einem Essen in einem Restaurant erfährt Faber, dass Sabeths Mutter in einem Archäologischen Institut in Athen arbeitet und von Herrn Piper, ihrem Mann, getrennt lebt. Sabeth teilt Faber mit, dass dieser Herr Piper gar nicht ihr Vater sei, sondern dass sie aus einer früheren Ehe entstamme. In kleineren Enthüllungsschritten kommt es dann dazu, dass Faber erfährt, dass Sabeths Mutter Hanna Landsberg heißt; als der Name gefallen ist, ist Faber wie erschöpft; dass er ihre Mutter gekannt hat, begeistert Sabeth.

Reise mit Sabeth durch Italien

Sabeths Mutter ist Hanna

(ab S. 128) In einem Rückblick rekapituliert Faber seine Gedanken, vor allem den, dass er nicht einen Augenblick daran gedacht habe, dass Sabeth seine Tochter sein könnte, obwohl dies theoretisch hätte möglich sein können.

Rückblick

3.2 Inhaltsangabe

Joachim – Sabeths Vater?

(ab S. 129) Sabeth fragt Faber über ihre Mutter aus, Faber berichtet Sabeth, dass er auch Joachim, den Sabeth für ihren Vater hält, gekannt habe, erzählt ihr aber nicht von dessen Tod; Faber rechnet sich aus, dass Joachim tatsächlich der Vater Sabeths sein müsse; zwischen Faber und Sabeth kommt es zwischenzeitlich zu Irritationen im Zusammenhang mit anderen Männerbekanntschaften Sabeths; am Abend schläft Sabeth in Fabers Armen ein, er liegt vollständig bekleidet auf dem Bett.

Reflexion über Schuld

(ab S. 134) Faber wirft in einer reflektierenden Passage die Frage seiner Schuld auf; er beteuert, die Intensivierung der Beziehung nicht vorangetrieben zu haben; in diesem Zusammenhang kommt er auf die Nacht in Avignon zu sprechen (13.5.), in der Sabeth in sein Zimmer kam und sie miteinander schliefen.

Aufwachen in einem Athener Krankenhaus

(ab S. 135) Faber wacht in einem Athener Krankenhaus auf (26.5.) und erkennt Hanna; ihn plagt die Sorge, Sabeth sei tot, Hanna aber sagt ihm, Sabeth sei versorgt, habe eine Injektion erhalten – wie Faber auch –, die Schlange sei keine Kreuzotter gewesen.

Rückblick: der Schlangenbiss

(ab S. 138) In einem Rückblick schildert Faber, dass Sabeth von einer Schlange gebissen worden ist; er berichtet von seinen Erste-Hilfe-Versuchen, von dem mühseligen Transport der verletzten Sabeth in ein Athener Krankenhaus.

Faber und Hanna

(ab S. 141) Der behandelnde Arzt erklärt Faber und Hanna, dass Sabeth von einer Aspisviper gebissen worden sei; vor dem Verlassen des Krankenhauses wirft Faber einen Blick auf die schlafende Sabeth; gemeinsam mit Hanna fährt er in deren Wohnung, es kommt zu Gesprächen über die Zeit seit ihrer Beziehung und die Zeit nach 1936, ohne dass jedoch der entscheidende Punkt

3.2 Inhaltsangabe

(Vaterschaft Fabers) zunächst direkt angesprochen wird; die Frage Fabers, ob Joachim der Vater Sabeths sei, bleibt ebenso unbeantwortet wie Hannas Frage, ob Sabeth wohl schon mit einem Mann zusammen gewesen sei; Hanna bietet Faber an, bei ihr zu wohnen, anstatt in ein Hotel zu ziehen; Faber soll in Sabeths Zimmer schlafen. Noch einmal fragt er, ob Joachim Sabeths Vater sei, was Hanna bejaht; was Faber auf Hannas Frage, was er mit Sabeth gemacht habe, geantwortet hat, ist seiner Erinnerung entfallen. In Sabeths Zimmer sieht Faber ein Foto von Joachim aus dem Jahre 1936 und stellt keine Ähnlichkeit zwischen Joachim und Sabeth fest. In der Nacht hört Faber Hannas Schluchzen – auf Rufe seinerseits und Klopfen an der Wand reagiert sie nicht; Faber wird klar, dass Hannas Aussage, Joachim sei der Vater, eine Lüge gewesen ist, für ihn steht nun fest, dass er der Vater Sabeths ist; er versucht, in Hannas Zimmer einzudringen, aber Hanna stemmt sich gegen die Tür.

(ab S. 162) Faber schildert in einer Rückblende die Nacht vor dem Unfall; Sabeth und Faber erwarten den Sonnenaufgang auf Akrokorinth; Sabeth und Faber spielen ein selbst erdachtes Spiel – sie messen sich in bildhaften Vergleichen – bei dem Sabeth immer gewinnt.

Rückblende: die Nacht vor dem Unfall

(ab S. 165) Hanna kommt am anderen Morgen aus dem Krankenhaus zurück und berichtet, dass sich Sabeths Gesundheitszustand verschlechtert habe; als Faber Hanna küsst, verflucht sie ihn. Sie fahren an den Strand von Korinth, um dort Fabers Sachen zu holen, die er nach dem Unfall dort hat liegen lassen; vierundzwanzig Stunden nach dem Unfall kommen sie an die Stelle, an der Faber und Sabeth gebadet haben; sie finden seine Schuhe, seine Jacke, seinen Pass und seine Brieftasche unberührt an der Unglücksstelle.

Am Strand von Korinth

3.2 Inhaltsangabe

Rückblick: der Unfall

(ab S. 169) In der folgenden Passage schildert Faber rückblickend den Hergang des Unfalls; nach der Nacht auf Akrokorinth haben sich Faber und Sabeth zum Strand begeben, um dort zu schlafen; am Mittag erwacht Faber und geht ins Meer, um zu baden; als er einen Schrei Sabeths hört, verlässt er das Wasser, während Sabeth eine Böschung hinaufrennt; Faber folgt ihr, nackt, wie er dem Wasser entstiegen ist, Sabeth weicht vor ihm zurück und stürzt rücklings die Böschung hinab. Sie bleibt bewusstlos liegen. Faber sieht eine Bisswunde; er eilt, nur mit einer Hose bekleidet, mit Sabeth im Arm zur Straße, um Hilfe zu holen.

Hannas Geständnis

Sabeths Tod

(ab S. 171) Hanna eröffnet Faber nun doch, dass Sabeth sein Kind ist. Faber fragt Hanna, warum sie ihm das Kind verheimlicht habe; er spricht davon, sich eine Arbeit in Athen zu suchen, deutet gegenüber Hanna eine gemeinsame Zukunft an. Als sie ins Krankenhaus zurückkehren, erfahren sie, dass Sabeth kurz nach 14.00 Uhr verstorben ist; Hanna schlägt Faber ins Gesicht; Todesursache Sabeths ist nicht der Schlangenbiss, sondern eine nicht behandelte, weil nicht diagnostizierte Schädelfraktur, die sich Sabeth beim Sturz von der Böschung zugezogen hat.

3.2 Inhaltsangabe

„Zweite Station"

(S. 175) Am 19.7., sechs Wochen nach Sabeths Tod, liegt Faber in einem Athener Krankenhaus; in einer *handschriftlichen* Aufzeichnung (in der Textgrundlage durch *Kursivdruck* gekennzeichnet; seine Schreibmaschine darf er in der Mittagszeit nicht benutzen) teilt er mit, dass ihn Hanna (immer in Schwarz) täglich besucht, täglich aber auch Sabeths Grab aufsucht.

Erneut in einem Athener Krankenhaus

(ab S. 175) Rückblick auf den 1.6.; Faber ist auf einer Party bei seinem Chef Williams, er langweilt und betrinkt sich. Weil er den Schlüssel zu seiner Wohnung nicht mehr hat, wohnt Faber in einem Hotel; in einer Bar betrinkt er sich weiter, ruft in seiner eigenen Wohnung an, in der jemand abnimmt, woraufhin Faber das Telefon einhängt.

Rückblick: Faber betrinkt sich

(ab S. 178) Faber vermittelt *handschriftlich* Statistiken über den Erfolg von Operationen, bestreitet gleichzeitig aber, Krebs zu haben; er macht sich Gedanken darüber, was Hanna tut, wenn sie nicht bei ihm ist, und äußert die Absicht, sie zu heiraten.

Erfolgsstatistik von OPs

(ab S. 179) (Rückblick) Faber fliegt am 2.6. nach Caracas; er verbindet diesen Flug mit einem Abstecher und sucht noch einmal Herbert auf der Plantage auf, repariert dessen Nash 55, hilft beim Kampf gegen eine Überschwemmung; Herbert zeigt sich nicht daran interessiert, nach Deutschland zurückzukehren.

Rückblick: Besuch bei Herbert auf der Plantage

(ab S. 184) Faber gibt *handschriftlich* ein Streitgespräch mit Hanna wieder, das sich um Technik und seine Lebenseinstellung dreht.

Streit mit Hanna

3.2 Inhaltsangabe

Rückblick: Krank in Caracas

(S. 185) (Rückblick) Am 20.6. kommt Faber in Caracas an; zwar sind die Turbinen jetzt zur Montage bereitgestellt, aber Faber kann die Arbeit aufgrund seiner Magenschmerzen, die ihn in ein Hotelbett zwingen, nicht überwachen; zwei Wochen liegt er krank im Bett; die Montage erfolgt ohne ihn.

Schreck über Spiegelbild

(ab S. 185) In einer *handschriftlichen* Aufzeichnung teilt Faber sein Erschrecken über sein Spiegelbild mit; deutlich ist er von Krankheit und körperlichem Verfall gezeichnet; er erfährt vom Tod des Professors O., meint aber, ihm selbst fehle letztlich nur Bewegung und frische Luft.

Rückblick: Kuba

(ab S. 187) In einem Rückblick schildert Faber seinen Aufenthalt in Kuba (9.–13. 7.); Faber entdeckt die Faszination einer anderen Lebensweise, nähert sich Menschen an, begeistert sich für die natürliche und soziale Umwelt, nimmt Menschen in ihrer Schönheit wahr, setzt sich in Gesprächen mit seiner nicht wahrgenommenen Vaterrolle auseinander, kritisiert den „American Way of Life", unterhält sich über Götter und Dämonen, ist glücklich; Faber nimmt das Leben wahr, er verzichtet auf das Filmen.

Hannas weitere Lebensgeschichte

(ab S. 198) In seiner nächsten *handschriftlichen* Aufzeichnung teilt Faber mit, dass Hanna ihr schwarzes Kleid gegen ein weißes ausgetauscht habe; ausführlich gibt er Informationen über Hannas Jugendzeit und die Zeit nach 1936 wieder.

Rückblick: Filmvorführung

(ab S. 201) Faber blickt auf den 15.7. zurück; er sucht die Firma Hencke-Bosch auf, um über Joachims Tod und den Zustand der Plantage zu berichten, hat aber den Eindruck, man interessiere sich recht wenig für seine Informationen; er bietet an, die in Guatemala gedrehten Filme zu zeigen, und bereitet eine Vorführung vor;

3.2 Inhaltsangabe

da beim Zoll die Rollen durcheinandergekommen bzw. die Rollen nicht beschriftet sind, muss er alle Spulen kontrollieren und vorab ansehen; dabei taucht auch anderes Filmmaterial auf; er sieht Szenen mit Ivy in New York und Szenen mit Sabeth; er sieht Szenen auf dem Schiff von New York nach Europa, sieht Stationen ihrer Reise durch Frankreich und Italien.

Faber verlässt die Firma Hencke-Bosch unter Zurücklassung des Filmmaterials, entschuldigt sich mit Magenschmerzen, geht wie betäubt zum Düsseldorfer Bahnhof, kauft eine Karte nach Zürich, erinnert sich voller Schmerzen an Sabeth, wünscht sich, nie gelebt zu haben, sieht keinen Sinn mehr in seinem Leben.

(S. 209) *Handschriftliche* Mitteilung darüber, dass die Operation auf den übernächsten Tag angesetzt sei; Faber fragt sich, wie es Hanna überhaupt mit ihm aushalten könne.

OP-Ankündigung

(ab S. 209) (Rückblick) In Zürich trifft Faber am 16. 7. noch einmal Professor O.; sie gehen zusammen ins Café Odéon; noch am gleichen Tag fliegt Faber nach Griechenland. Von Mailand aus teilt er Hanna mit, dass er nach Athen kommen werde, von Rom aus schickt er seine Kündigung an Williams. Hanna holt ihn am Flughafen ab, sie trägt schwarze Kleidung und empfiehlt ihm das Hotel Estia Emborron.

Rückblick: Rückkehr nach Griechenland

(S. 215) *Handschriftliche* Mitteilung, dass die Operation auf den morgigen Tag angesetzt ist.

(S. 215) Mitteilung, dass er nur einmal an Sabeths Grab gewesen sei, weil er nach einer Untersuchung gleich im Krankenhaus behalten worden sei.

An Sabeths Grab

3.2 Inhaltsangabe

Die letzten Stunden vor der OP

(ab S. 215) In einer Reihe von *handschriftlichen* Notizen hält Faber die letzten Stunden vor der Operation fest; obwohl ihm klar ist, dass er Magenkrebs hat, versucht er den Gedanken immer wieder zu verdrängen; er weiß, dass er verloren ist, spricht aber trotzdem davon, dass er nicht allein sei, weil Hanna sein Freund sei.

Für seinen Todesfall verfügt er, dass alle Zeugnisse seiner Existenz vernichtet werden sollen.

Faber berichtet, dass Hanna ihre Wohnung und ihre Arbeitsstelle aufgegeben habe, sie wohne in einer Pension. Ihren ursprünglichen Plan, Griechenland zu verlassen, habe sie aufgegeben, sie wolle nun doch in Athen bleiben.

Faber schließt seine Aufzeichnungen mit Informationen über Hannas Leben mit Joachim und Sabeth. Seine Aufzeichnungen enden in dem Moment, als er zur Operation geholt wird.

3.3 Aufbau

ZUSAMMEN-
FASSUNG

- zwei unterschiedlich umfangreiche Teile („Erste Station", „Zweite Station")
- Erzählerfigur: abnehmende Distanz zwischen „erinnerndem" und „erinnertem" Ich, zunehmende Unmittelbarkeit (vermehrte Verwendung des Präsens)
- duale Erzähltechnik: Form des „Berichtes" (Distanz, Objektivität) versus Form des Tagebuchs (Subjektivität, Unmittelbarkeit)
- kein sukzessiv-lineares Erzählen
- „Nachholtaktik": Abweichungen von Chronologie bei Inzest, Unfall, eigene Krebserkrankung aufgrund von Verdrängungsabsicht
- Spannungsverhältnis zwischen Rückblenden und Vorausdeutungen
- Aufhebung der Chronologie als Signal der Entfremdung
- viele Zeit- und Datumsangaben im Stil protokollartiger Notizen bzw. einer Zeitleiste des „Berichts"
- Fabers Verhältnis zur Zeit: Zeit als eine messbare, statistische, quantitative Größe, später mit Sabeth: „Ewigkeit im Augenblick", Vergänglichkeitsbewusstsein
- Oppositionspaare: Mann und Frau, Technik und Natur, Technik und Mystik, Zufall und Schicksal, Moderne und Antike
- Motive: Motiv des Singens, Motiv der Blindheit, Todesmotiv
- metaphorische Ebene: Reise-Metaphorik
- Symbole: technische Geräte (Kamera), Super-Constellation

3.3 Aufbau

Kompositionsstruktur

3.3 Aufbau

Der Aufbau des Romans weist äußerlich zwei unterschiedlich umfangreiche Teile auf, deren „Erste Station" in Caracas vom 21. Juni bis zum 8. Juli geschrieben wird (vgl. S. 174). Der erkrankte Faber, der ein zweites Mal nach Caracas gereist ist, um dort die Montage von Turbinen zu leiten, die er am 19./20. April nicht durchführen konnte, weil die Turbinen noch im Hafen lagen, verfasst diesen Bericht in einem Hotelzimmer, von starken Magenschmerzen geplagt, die die Leitung der Arbeit durch ihn verhindern. Faber blickt auf die Zeit vom 25. 3. 1957 (Abflug Fabers aus New York) bis zum 28. 5. 1957 (Todestag Sabeths) zurück. Den Grund für diese Niederschrift notiert er unter dem 20. 6. (Aufzeichnungen der „Zweiten Station"):

Erste Station

> „Ich wollte Hanna schreiben und fing mehrere Briefe an; aber ich hatte keine Ahnung, wo Hanna steckt, und es blieb mir nichts anderes übrig (etwas mußte ich in diesem Hotel ja tun!) als einen Bericht abzufassen, ohne denselben zu adressieren." (S. 185)

Schreibanlass ist letztlich der Versuch, Hanna gegenüber die Ereignisse bis zum Tod Sabeths darzustellen und sich selbst zu exkulpieren. In diese Rückblicke auf Ereignisse der jüngeren Vergangenheit sind wiederum Rückblicke in eine weiter zurückliegende Vergangenheit eingebaut, nämlich die der Jahre 1934 bis 1936, in die die Beziehung zu Hanna Landsberg und seine Freundschaft zu Joachim Hencke fällt. Der Bericht der „Ersten Station" schildert die Reisen Fabers in Amerika, seine Schiffsreise nach Europa, bei der er Sabeth kennenlernt, und ihre gemeinsame Reise durch Frankreich und Italien nach Griechenland, die zu Sabeths Tod, zur Wiederbegegnung zwischen Hanna und Faber und zu Fabers Erkenntnis führt, dass er der Vater Sabeths ist. Die Erkenntnis Fabers, Vater Sabeths zu sein, die erst kurz vor Sabeths Tod zur

Schreibanlass

3.3 Aufbau

Gewissheit wird, weil Hanna seine Vaterschaft eingesteht, wird durch Vorausdeutungen vorbereitet. Die „Erste Station" enthält auch Reflexionen Fabers, so etwa über Zufall, Wahrscheinlichkeit und Schicksal, über Technik und Kultur, über Schwangerschaftsabbruch und die Beziehung von Mann und Frau.

Zweite Station

Die „Zweite Station" besteht aus Aufzeichnungen, die Faber ab dem 19. Juli im Athener Krankenhaus anfertigt. Sie umfassen einmal *handschriftliche* Aufzeichnungen (im Druck *kursiv* gesetzt), die mit dem Tag der Einlieferung ins Krankenhaus beginnen, sich u. a. mit Hannas Besuchen im Krankenhaus und ihren Gesprächen, Fabers Krankheit, seinem Menschenbild, seinem letzten Willen und – weit zurückblickend – mit Hannas Lebensweg nach der Trennung von Faber und ihrem Leben mit Sabeth befassen. Diese Passagen haben Tagebuchcharakter. Zugleich setzt Faber seinen Rückblick auf die Zeit nach Sabeths Tod fort (nicht kursiv gesetzt), wobei er mit seiner Rückkehr nach New York beginnt (1. 6.). Diese Aufzeichnungen des Berichts enden mit dem Ereignis seiner Ankunft in Athen am 18. 7. (Aufzeichnung vom 16. 7. über die Zeit von 16.–18. 7.), also einen Tag vor seiner Einlieferung ins Krankenhaus und dem Beginn der *handschriftlichen* Aufzeichnungen (19. 7.).

Die „Erste Station" enthält die „eigentliche" Geschichte, die Begegnung Fabers mit seiner Tochter und ihren Tod, die „Zweite Station" schildert die Zeit nach Sabeths Tod, die Verarbeitung der vorangegangenen Ereignisse durch Faber und die letzten Tage seines Lebens.

Die Erzählerfigur

Beide Erzählstationen werden von Walter Faber als Erzähler organisiert. Faber vermittelt uns die Ereignisse **aus seiner Perspektive**; somit erfahren wir über ihn selbst, alle Geschehnisse und alle auftretenden Figuren immer nur das, was seine subjektive und damit eingeschränkte Sichtweise zulässt. Seine Darstellung ist somit zugleich ausschnitthafte Präsentation und Interpretation. Zwischen

3.3 Aufbau

den beiden „Stationen" gibt es dennoch Erzähler-Unterschiede. In der „Ersten Station" nimmt Faber die Rolle des **auktorialen Icherzählers** ein, d.h., er organisiert den Erzählprozess von einem Standpunkt außerhalb des Geschehens, in dem er als „erinnertes Ich" auftritt, was zu einer größeren Distanz führt. In der „Zweiten Station" wird die Distanz zwischen „erinnerndem" und „erinnertem" Ich verringert bzw. verschwindet vollständig, denn Faber „berichtet" als **„personaler Icherzähler"**; an die Stelle der Distanz tritt die Unmittelbarkeit.[15] Dies wird einmal dadurch unterstützt, dass die zeitliche Distanz zwischen Geschildertem und Schilderung, zwischen Erleben und Aufzeichnung des Erlebten immer geringer wird, bis sie mit der letzten Eintragung in der Nacht vor und am Morgen seiner Operation in eins fällt. Zugleich ist mit dem Erzähler selbst eine Veränderung vorgegangen; die distanzierte Haltung gegenüber dem Geschehen hat Faber aufgegeben; er lebt bereits im Bewusstsein seiner Schuld, sein Weltbild hat sich verändert. Die Verringerung der Distanz zum Geschehenen findet ihren sprachlichen Ausdruck im vermehrten Auftreten des **Präsens** als grammatischer Zeit des Erzählens in der „Zweiten Station".[16] Zwar taucht das Präsens auch in der „Ersten Station" auf, doch steht es hier zumeist im Kontext reflektierender Passagen: „Ein Volk wie diese Maya, die das Rad nicht kennen und Pyramiden bauen, Tempel im Urwald, wo alles vermoost und in Feuchtigkeit verbröckelt – wozu?" (S. 46) oder auch: „Ich versuche, mir vorzustellen, wie es wäre, wenn es plötzlich keine Motoren mehr gäbe wie zur Zeit der Maya." (S. 47) Daneben taucht das Präsens auch auf, um bestimmte Bildeindrücke zu vermitteln: „Wenn man den Kopf zur Seite dreht, um nicht immer diesen Milch-

Distanz und Unmittelbarkeit

---

15 Vgl. hierzu Eisenbeis, S. 44 ff., und E. Hermes, *Abiturwissen Erzählende Prosa*, Stuttgart: Klett Verlag, 1988, S. 29.
16 Vgl. Meurer, S. 81 ff.

3.3 Aufbau

glashimmel zu sehen, meint man jedesmal, man sei am Meer (...)." (S. 46) In den handschriftlichen Passagen der „Zweiten Station", in denen „erinnertes" und „erinnerndes" Ich zur Deckung gekommen sind und Distanz durch Unmittelbarkeit ersetzt wird, vermittelt das Präsens Gefühle und Gedanken Fabers von einem **Jetzt-Standpunkt** unmittelbarer Gegenwärtigkeit aus. So heißt es über seine gegenwärtige Beziehung zu Hanna:

> „Wie kann Hanna nach allem was geschehen ist, mich aushalten? Sie kommt hierher, um zu gehen, und kommt wieder, sie bringt mir, was ich noch wünsche, sie hört mich an. Was denkt sie?" (S. 209)

Und über seinen bevorstehenden Tod und seine Angst vor dem Sterben schreibt Faber:

> „Ich hänge an diesem Leben wie noch nie, und wenn es nur noch ein Jahr ist, ein elendes, ein Vierteljahr, zwei Monate (das wären September und Oktober), ich werde hoffen, obschon ich weiß, daß ich verloren bin. Aber ich bin nicht allein, Hanna ist mein Freund, und ich bin nicht allein." (S. 215)

Bericht und Tagebuch

Die vermehrte Verwendung des **Präsens als Zeit des Erzählens** steht in engem Zusammenhang mit den *handschriftlich* verfassten Passagen der Aufzeichnungen der „Zweiten Station" und unterstreicht deren diaristischen Charakter, bei dem Erleben und Niederschreiben ineinander übergehen. In diesem Zusammenhang spielt auch die Bezeichnung des Romans als „Bericht" eine Rolle. Der Begriff „Bericht", vom Autor Max Frisch gewählt, hat die Funktion, den Aufzeichnungen der vermittelnden Erzählerinstanz Walter Faber etwas Objektives zu verleihen. Es wird der Anspruch sugge-

3.3 Aufbau

riert, nicht Fiktionalität, sondern die Wiedergabe von Tatsachen sei Gegenstand des Romans. Zudem ist die Hauptfigur Techniker und Ingenieur; die **Vermittlung von Fakten und Zusammenhängen** in Berichtform kann somit als selbstverständlicher Bestandteil seiner beruflichen Tätigkeit gelten. Des Weiteren ist die Berichtform auf übergeordneter Ebene Teil der Erzählstrategie von Max Frisch. Eine Geschichte, in deren Verlauf sich die Zufälle häufen und in der es um Wahrscheinlichkeit, Zufall und Schicksal geht, wird in ihrer Glaubwürdigkeit durch die Bezeichnung „Bericht" unterstrichen.[17]

Dieser Berichtform (Distanz, Objektivität) stehen die tagebuchartigen Notizen (Tagebuch als subjektives Schreiben der Unmittelbarkeit und Undistanziertheit) gegenüber. Dies führt zu einer **dualen Erzähltechnik** der beiden „Stationen", über die Lubich schreibt:

> „Die Erzählhaltung der ‚Ersten Station' ist noch primär gekennzeichnet vom Vernunftdenken des Technikers, selbst – und vor allem dann – wenn er an seiner Vernunft zu zweifeln beginnt. (…) Kennzeichnend für die Erzählhaltung der ‚Zweiten Station' ist ein größeres Bedürfnis nach ‚Reflexion und Konfession', ein gesteigertes Todesbewusstsein und, damit zusammenhängend, ein immer häufiger durchbrechendes mystisches Lebensgefühl."[18]

Vernunftdenken und Todesbewusstsein

Aus dem Zusammenspiel der beiden „Stationen" entsteht für den Leser somit ein Erkenntnisprozess; er verfolgt den Techniker Faber dabei, wie sich sein einseitig rationalistisch ausgelegtes Weltbild auflöst und sich Walter Faber verändert. Gleichzeitig wird deutlich, dass Faber einen „Bericht" schreibt, der für ihn auch die Funktion

Stationen: Bedeutung des Begriffs

---

17 Vgl. Hans Geulen, *Max Frischs Homo faber*, in: Schmitz (Hrsg.), *Homo faber*, S. 116.
18 Lubich, S. 43 f.

3.3 Aufbau

haben soll, ihn zu entlasten. Deswegen betont er immer wieder seine „Unschuld" an den Ereignissen. Die beiden „Stationen" sind nicht nur „Erzählstationen", sondern haben auch eine symbolische Bedeutung. Sie sind Stationen eines Kranken – in der „Zweiten Station" liegt Faber ja tatsächlich auf der Station eines Krankenhauses; das Hotel der „Ersten Station" (Faber muss im Bett liegen) hat die Funktion einer Krankenhausstation. Zugleich stehen die „Stationen" auch für **Stationen in der Entwicklung Fabers**, und zwar sowohl in der Entwicklung seiner Ein-Sicht als auch in der Entwicklung seiner Krankheit.

Zeitstruktur

Erzählte Zeit des Handlungskerns

Die erzählte Zeit des Handlungskerns umfasst rund fünf Monate, nämlich den Zeitraum von Fabers Abflug aus New York am 25.3.1957 bis zum Tag seiner Operation, der vermutlich auch sein Todestag ist. Die letzte Aufzeichnung datiert vom Morgen des 26. Juli. Verfasst ist die Niederschrift über diesen Zeitraum in zwei Schüben, einmal vom 21. Juni bis 8. Juli („Erste Station"), dann vom 19. Juli bis zum 26. Juli („Zweite Station"). Die „Erste Station" beschreibt im Wesentlichen die drei Monate vom 25. März bis zum 28. Mai, die „Zweite Station" schildert den Zeitraum von Ende Mai bis zum Todestag Fabers, wobei Niederschrift und Erleben am Ende ineinander übergehen. Am Tage seines Todes ist Faber mit der Verschriftlichung seiner Gedanken und Erlebnisse sozusagen zeitlich bei sich angekommen. Geht man über diesen Handlungskern hinaus, so greifen die **Rückblenden** Fabers rund zwanzig Jahre zurück, nämlich bis in die Jahre 1934–1936, in die seine Beziehung zu Hanna Landsberg und die Studienfreundschaft mit Joachim Hencke fallen. Aus den bisherigen Ausführungen ist schon deutlich geworden, dass der Erzählvorgang die Chronologie der Ereignisse nicht abbildet, also nicht sukzessiv-linear erzählt

Rückblenden in die Jahre 1934–1936

3.3 Aufbau

wird. Zwar folgt die Niederschrift in den zwei „Stationen" insofern einer Chronologie, als die „Erste Station" die Ereignisse von der Bekanntschaft Fabers mit Sabeth bis zu ihrem Tod schildert und die „Zweite Station" die Ereignisse nach Sabeths Tod bis zu Fabers Operation, aber vor allem innerhalb der „Ersten Station" sind auffällige Abweichungen von der Chronologie zu konstatieren. Diese **Abweichungen** widersprechen grundlegend dem Anspruch eines „Berichts", der Ereignisse in ihrem kausalen und temporalen Zusammenhang schildern sollte. Die erste bedeutende Abweichung zwischen der Abfolge der Handlung und ihrer Präsentation im Erzählvorgang betrifft den ersten Sexualakt zwischen Faber und Sabeth, somit den Beginn ihrer inzestuösen Beziehung. Die **erste gemeinsame Nacht** verbringen Faber und Sabeth zu Beginn ihrer Fahrt durch Frankreich und Italien (13.5.). In dieser Nacht (16.5.), in der sie in einem Hotel in Avignon Station machen (nicht nur in getrennten Zimmern, sondern sogar auf verschiedenen Etagen des gleichen Hotels, wie Faber betont, siehe S. 134), kommt Sabeth zu Faber ins Zimmer, nachdem sie vorher gemeinsam eine Mondfinsternis erlebt haben. Erzählt wird dieses Ereignis aber erst nach der Schilderung der Reise durch Italien, obwohl diese zeitlich nach dem Ereignis in Avignon liegt. Nach der Schilderung der Nacht in Avignon schließt sich sogleich, rund zwei Wochen überspringend, das Wiedersehen mit Hanna im Krankenhaus in Athen an, wo Sabeth und Faber nach den **Ereignissen am Strand** (Unfall) liegen, um behandelt zu werden. Bei der Darstellung dieser Ereignisse weicht Faber ebenfalls von der Chronologie ab; er schildert den Aufenthalt im Krankenhaus, noch bevor er das Unglück, das zu diesem Aufenthalt geführt hat, erwähnt hat. Im Krankenhaus wacht Faber mit dem „Schrecken" auf, „das Kind sei tot." (S. 136) Die Handlungsschritte bis zum Unglück schildert Faber ebenfalls nicht in ihrer zeitlichen Abfolge – und dies, obwohl er betont: „Was

Durchbrechen der Chronologie

Abweichungen von der Chronologie 1: Inzest

Abweichungen von der Chronologie 2: Unglücksfall

3.3 Aufbau

den Unfall betrifft, habe ich nichts zu verheimlichen." (S. 169) Vielmehr beginnt er die Schilderung der Ereignisse mit dem Hinweis auf den Schlangenbiss, seine Versuche der Ersten Hilfe (Wunde aussaugen) und den beschwerlichen und mühsamen Weg in die Athener Klinik; es folgen das Wiedersehen mit Hanna sowie die Nacht in Sabeths Zimmer in der Wohnung Hannas, in der ihm, Faber, zur Gewissheit wird, dass er doch der Vater Sabeths ist; danach schildert er die Nacht vor Sabeths Unglück, in der er und Sabeth auf Akrokorinth glückliche Stunden verbrachten; die vollständige Schilderung des eigentlichen Unglücks (Sabeths Sturz über eine hohe Böschung) schließt sich erst an die Passage an, die Hannas und Fabers Fahrt zum Strand erzählt, wo sie Fabers Sachen (Kleidung, Geldbörse, Pass) abholen. Diese Abweichungen im Zusammenhang mit zwei entscheidenden Ereignissen (Inzest, Unfall) lassen vermuten, dass Faber diese Ereignisse am liebsten verdrängen möchte, weil mit ihnen unmittelbar die Frage seiner Schuld verknüpft ist. Manfred Eisenbeis schreibt zu dieser „Nachholtaktik":

> „Diese Nachholtaktik ist von Fabers Intention bestimmt: Faber will die Wahrheit herausfinden, will wissen, wie es zu dem Geschehen, das mit Sabeths Tod endet, gekommen ist, um sich zu entlasten. Gleichzeitig aber fürchtet er die Wahrheit, weil sie ihn belastet, und sucht sie zu verdrängen, solange es ihm möglich ist – bis er dann doch zwanghaft zu ihr zurückkehrt." [19]

Ein ähnliches Muster lässt sich auch in Bezug auf Fabers Krebserkrankung erkennen; immer wieder wird er von dieser Krankheit eingeholt. Schon nach dem Abflug aus New York erleidet er bei der Zwischenlandung in Houston einen Schwächeanfall, der seiner

---

19 Eisenbeis, S. 43.

3.3 Aufbau

Krankheit geschuldet ist. Die Montage der Turbinen kann er bei seinem zweiten Caracas-Aufenthalt nicht vornehmen, weil ihn seine Krankheit ins Bett zwingt. Bereits im Athener Krankenhaus liegend, verdrängt er den Gedanken an Krebs. Er versteigt sich zu der Behauptung, ihm fehle es lediglich an Luft und Bewegung, er sei schon lange grau gewesen, und das menschliche „Material", das Fleisch, sei „verfehlt" (S. 186 f.). Erst in der Nacht vor der Operation gesteht er sich die Schwere seiner Krankheit ein: „Ich weiß alles." (S. 215) Auch hier, wo es um ihn selbst geht, verdrängt Faber die Konfrontation mit einer Erkenntnis und Selbsterkenntnis. Dem „Nachholen" von Ereignissen stehen auf der anderen Seite Vorausdeutungen gegenüber, die zeitlich später liegende Ereignisse auf der Ebene der Andeutung oder Anspielung vorwegnehmen. So heißt es über Fabers Flug von Zürich nach Athen zu Hanna: „Mein letzter Flug!" (S. 211) Auch Fabers und Sabeths gemeinsames Posieren am „Kopf einer schlafenden Erinnye", einer Schicksalsgöttin also, kann als eine solche Vorausdeutung gesehen werden, vor allem im Zusammenhang mit Fabers Äußerung: „Ich kann es nicht ausstehen, wenn man mir sagt, was ich zu empfinden habe; dann komme ich mir, obschon ich sehe, wovon die Rede ist, wie ein Blinder vor." (S. 120) Im Nachhinein wird sich Faber als „Blinder" erweisen, der hinsichtlich Sabeths nicht sehen wollte, was zu sehen war (als Kontrastfigur zu Faber kann in diesem Falle Professor O. gelten, der Faber beim Wiedersehen fragt, was seine Tochter mache, siehe S. 211). Auf dem Hintergrund von Sabeths Wunsch, eventuell Stewardess zu werden, ist auch Fabers Äußerung über die Stewardess, die ihn in Houston wieder ins Flugzeug holt, als eine solche Andeutung auf ein späteres Unglück zu sehen: „Ich hielt sie am Arm, die junge Person, die meine Tochter hätte sein können (...)." (S. 20) Bis Faber in den Aufzeichnungen seine Vaterschaft eingesteht, macht er mehrfach Andeutungen hinsichtlich

Verdrängung der Krankheit

Vorausdeutungen

Zur Doppeldeutigkeit des folgenden Satzes („Wieder eine Super-Constellation", S. 211) siehe S. 73 f.

3.3 Aufbau

dieser Vaterschaft, so etwa im Zusammenhang mit der Buchung der Schiffspassage nach Europa:

> „Hätte ich das Apparätchen nicht zerlegt, so hätte mich jener Anruf nicht mehr erreicht, das heißt, meine Schiffreise wäre nicht zustande gekommen, jedenfalls nicht mit dem Schiff, das Sabeth benutzte, und wir wären einander nie auf der Welt begegnet, meine Tochter und ich." (S. 68)

Spannung zwischen Rückblenden und Vorausdeutungen

Diese Vorausdeutungen, das Vorwegnehmen späterer Ereignisse (hier die Begegnung mit Sabeth während der Schiffsreise) sind – im Hinblick auf den Erzählvorgang und den Rezipienten – **spannungssteigernde Elemente**. Der Leser kann, wenn er diese Andeutungen als Deutungsangebote annimmt, bereits mehr wissen oder zumindest ahnen, als der Berichterstatter Faber zu diesem Zeitpunkt offen auszusprechen bereit ist. Zudem entsteht ein Spannungsverhältnis zwischen den Rückblenden und Vorausdeutungen im Erzählprozess. Gleichzeitig verdeutlichen diese Andeutungen, dass Faber selbst bei der Niederschrift der Ereignisse um deren Ausgang und katastrophale Konsequenzen ja bereits weiß, sich aber die eigene Rolle (seine Schuld) nicht (noch nicht) eingestehen und doch gleichzeitig Rechenschaft ablegen will. Dies wird besonders deutlich, nachdem Faber die erste Begegnung mit Sabeth auf dem Schiff geschildert hat. Er schiebt eine reflexive Passage ein, in der er sich mit der Thematik von Zufall und Schicksal auseinandersetzt und die zugleich vorausdeutenden Charakter hat:

3.3 Aufbau

„Was ändert es, daß ich meine Ahnungslosigkeit beweise, mein Nichtwissenkönnen! Ich habe das Leben meines Kindes vernichtet und ich kann es nicht wiedergutmachen. Wozu noch ein Bericht?" (S. 78)

Die Aufhebung der Chronologie, das Ineinanderschieben von Zeitebenen, die Technik des Nachholens und Vorausdeutens sind einerseits Ausdruck einer modernen Erzählstrategie überhaupt, in der Zeit ihre strukturierende Funktion verliert und die Auflösung der chronologischen Ordnung als Signal der Entfremdung und Selbstentfremdung verstanden werden kann. Im Falle Walter Fabers ist „für die Reihenfolge (...) in der Regel nicht die Chronologie des Geschehens (entscheidend), sondern der psychische Prozess – sei es der der Verdrängung oder aber der der Erinnerungs-Assoziation (...)."[20] Walter Fabers Niederschrift weist, dies als ein letzter Hinweis auf den Umgang mit und die Rolle der Zeit in *Homo faber*, sehr viele Zeitangaben auf. Der Roman beginnt bereits mit einer solchen Zeitangabe: „Wir starteten in La Guardia, New York, mit dreistündiger Verspätung infolge Schneestürmen." (S. 7) Immer wieder flicht Faber Angaben über Zeit und Dauer eines Ereignisses ein, teilweise im Stil protokollartiger Notizen bzw. einer Zeitleiste des „Berichts": „Aufenthalt: 20 Minuten" (S. 11) oder, nach der Notlandung: „Zeit: 11.05 Uhr", verbunden mit dem Hinweis: „Ich zog meine Uhr auf –" (S. 23). Auch Datumsangaben finden sich häufig im Text: „20. IV. Abflug von Caracas. 21. IV. Ankunft in New York." (S. 62) Die Datums- und Zeitangaben treten vermehrt in der „Zweiten Station" auf, die handschriftlichen Aufzeichnungen sind zeitlich besonders engmaschig gehalten: 18.00 Uhr, 19.30 Uhr, 24.00 Uhr, 02.40 Uhr, 04.00 Uhr, 04.15 Uhr, 06.00 Uhr, 06.45 Uhr,

Aufhebung der Chronologie als Signal der Entfremdung

Zeitangaben

Datumsangaben

---

20 Meurer, S. 72.

3.3 Aufbau

Verhältnis zur Zeit

08.05 Uhr (siehe ab S. 215). In kurzen Zeitabständen schreibt Faber seine Aufzeichnungen ins Tagebuch, so als wolle er jede Minute, die ihm noch bleibt, festhalten. Dies drückt sich auch in seiner Schlaflosigkeit aus: „Ich habe noch keine Minute geschlafen und will auch nicht." (S. 215) und in dem Wunsch, seine Lebenszeit, und sei es auch nur für eine kurze Zeitspanne, verlängern zu können (siehe S. 215). Für Faber ist Zeit immer eine messbare, statistische, quantitative Größe gewesen. Hanna formuliert es gegenüber Faber mit den Worten: „Du behandelst das Leben nicht als Gestalt, sondern als bloße Addition, daher kein Verhältnis zur Zeit, weil kein Verhältnis zum Tod." (S. 184) Dieses Verhältnis zur Zeit hat er aufgegeben im Zusammenhang mit dem Unfall Sabeths, denn er trennt sich von seinem Zeitmesser, der Omega-Uhr, um den Fahrer, der ihn und Sabeth nach Athen ins Krankenhaus bringen soll, zu bezahlen. In den Stunden mit Sabeth in Avignon (Nacht der Mondfinsternis) und der gemeinsamen Nacht am Strand hat Faber gelernt, Zeit nicht mehr nur als messbare Größe zu sehen, sondern zum Bewusstsein des Lebens zu kommen: „(...) standhalten der Zeit, beziehungsweise Ewigkeit im Augenblick. Ewig sein: gewesen sein." (S. 216) Bei Max Frisch heißt es im *Tagebuch 1946–1949* zum Thema Vergänglichkeit und Bewusstsein von der Zeit:

Vergänglichkeit und Bewusstsein von der Zeit

> „Wenn es stimmt, daß die Zeit nur scheinbar ist, ein bloßer Behelf für unsere Vorstellung, die in ein Nacheinander zerlegt, was wesentlich eine Alltagsgegenwart ist; wenn das alles stimmt, was mir immer wieder durch den Kopf geht, und wenn es nur für das eigene Erleben stimmt: warum erschrickt man über jedem Sichtbarwerden der Zeit? Als wäre der Tod eine Sache der Zeit."[21]

---

21 Zitiert nach: Jurgensen (Hrsg.), S. 11 f.

3.3 Aufbau

Walter Faber wird von dem Wissen darum bestimmt, dass die mit Sabeth erlebten Glücksmomente mit seiner schuldhaften Verstrickung in eine Katastrophe verbunden sind. Und dieses Wissen geht einher mit dem **wachsenden Bewusstsein seiner eigenen Vergänglichkeit**. Sein Schreiben ist somit nicht nur ein „Bericht" über Ereignisse, in die er verstrickt ist, sondern auch ein „Bericht" über das Ankommen bei sich selbst im Angesicht des Todes.

> „Faber, der bislang auf dem Gipfel der Zeit lebte, schreibt gegen die Zeit und zurück. Die Katastrophe hat sein Menschsein derart erschüttert, dass ihm vielleicht zum ersten Mal ein Begriff von seiner eigenen Wirklichkeit entsteht, die er als fragwürdige und gebrochene Wirklichkeit erkennen muss. (...) Es ist ein Gegen-die-Zeit-Schreiben, ein Nachholen und Wiederholen, der Griff nach sich selbst in der Vergangenheit."[22]

Strukturelemente und Bausteine des Erzählens

Neben dem Aufbau des Erzählprozesses über die zwei Erzählstationen und dem Verhältnis von Geschehen im chronologischen Verlauf zur Präsentation der Handlung im Erzählverlauf gibt es eine Reihe von Strukturelementen und Bausteinen des Erzählens, die die „innere Dramaturgie" des Erzählprozesses konstituieren. Als konstituierendes Gestaltungselement können die zahlreichen Oppositionspaare gelten, die den Roman durchziehen. Auf den Gegensatz zwischen Tagebuch und Bericht ist an anderer Stelle bereits hingewiesen worden, wobei die duale Erzähltechnik der beiden „Stationen" zugleich wiederum Ausdruck unterschiedlicher Bewusstseinszustände Fabers ist bzw. seinem dualen Weltbild

Oppositionspaare

---

22 Geulen, in: Schmitz (Hrsg.), *Homo faber*, S.131.

3.3 Aufbau

entspringt. Als weitere Oppositionspaare können genannt werden die Gegensätze zwischen
→ Mann und Frau,
→ Technik und Natur/Dschungel,
→ Zufall und Schicksal und
→ Moderne und Antike.

Männerbild und Frauenbilder

Faber schildert die **Beziehungen zu insgesamt vier Frauen**, nämlich zu Hanna, Sabeth, Ivy und zur Ehefrau seines Lehrers. Diese erste Beziehung – Faber ist ein Schüler vor dem Abitur, die Frau des Lehrers ist vierzig und lungenkrank – nennt er „absurd", wenn sie seinen „Bubenkörper" küsste, kam sie ihm vor „wie eine Irre" oder eine „Hündin" (siehe S. 107). Er war froh, als die Beziehung endlich „vorbei ist" (S. 108). Bereits hier, in der lediglich episodenhaft erwähnten Beziehung, deutet sich ein Grundmuster an: Es ist die Frau, die ihn küsst, die die Beziehung zu ihm aufnimmt. Faber beharrt in seinen Frauenbeziehungen zunächst auf seiner **männlichen Autonomie und Autarkie**. Über Ivy, seine Freundin, weiß er nicht wirklich etwas (siehe S. 69); die Trennung sucht er nicht im direkten Gespräch, sondern erklärt die Beziehung für (mehr oder weniger) beendet, indem er Ivy eine briefliche Mitteilung schickt. Kaum in New York angekommen, entscheidet er sich, mit dem Schiff nach Europa zu fahren, weil er dann am folgenden Tag (und nicht erst in einer Woche, wenn er das Flugzeug nimmt) bereits wieder von Ivy getrennt sein wird. Faber macht ihr weis, die Entscheidung, das Schiff zu nehmen, sei seiner Flugangst geschuldet. Wieder ist es, wie schon in der Beziehung zur Frau des Lehrers, die Frau, die Faber verführt. Für Faber ist Ivy ein „lieber Kerl (...), obschon sie nicht begreift, daß (er) lieber allein sein möchte –" (S. 102). In einem Gespräch mit Sabeth, ganz am Anfang ihrer Bekanntschaft, fasst Faber seine Haltung zu Frauen zusammen:

3.3 Aufbau

„Ich bin gewohnt, allein zu reisen. Ich lebe, wie jeder wirkliche Mann, in meiner Arbeit (...) und schätze mich glücklich, allein zu wohnen, meines Erachtens der einzigmögliche Zustand für Männer, ich genieße es, allein zu erwachen, kein Wort sprechen zu müssen. Wo ist die Frau, die das begreift? (...) Ich mußte an Ivy denken; Ivy heißt Efeu, und so heißen für mich eigentlich alle Frauen. Ich will allein sein!" (S. 98 f.)

Frauen verkörpern für Faber all das, was er ablehnt: Verständnislosigkeit der Technik gegenüber (siehe etwa S. 68), **Gefühle, Gespräche, Irrationalität, Magie und vor allem Nähe**. Männern ordnet er Technik, eine realistische und sachliche Sicht auf die Dinge und Rationalismus zu. Den **Gegensatz zwischen Männern und Frauen** bringt Faber auf die bündige Formel: „Technik statt Mystik!" (S. 84) Für Faber sind alle Frauen Ivy, Efeu, der pflanzenhaft-wuchernd alles umrankt (S. 99). So hatte auch die geplante Hochzeit mit Hanna eher pragmatische Gründe: Seine Reise nach Bagdad stand an, er wollte aber Hanna nicht dem NS-System ausgeliefert sehen bzw. nicht als Antisemit gelten („ich fühlte mich verpflichtet gerade in Anbetracht der Zeit.", S. 49). Genau deshalb aber lehnt Hanna die Hochzeit letztlich ab („Ich heirate ja bloß, um zu beweisen, daß ich kein Antisemit sei, sagte sie", S. 61). Eine Veränderung in der Haltung Fabers ergibt sich erst durch die Bekanntschaft mit Sabeth, wobei sich auch hier das Muster wiederholt, dass sie es ist, die in der Liebesnacht in Avignon zu ihm ins Zimmer kommt (siehe S. 135). Mit Sabeth entdeckt Faber Seiten in sich, die er bisher unterdrückt hat. Er sucht, auch wenn er es sich nicht immer eingesteht, recht bald den Kontakt zu ihr. Er ist, obwohl er sich in physikalische Erklärungen flüchtet, ebenso wie Sabeth „aufgeregt, da wir noch nie eine dermaßen klare Mondfinsternis gesehen hatten" (S. 135),

Technik versus Mystik

Veränderungen Fabers

3.3 Aufbau

und er hat den „verwirrenden Eindruck, daß das Mädchen, das (er) bisher für ein Kind hielt, in (ihn) verliebt war." (ebd.) Von der Nacht am Strand bleibt ihm für ewig im Gedächtnis, „wie Sabeth singt!" (S. 165) Durch Sabeth wird Faber zum Lebenden, der seine Gefühle äußert und Bedürfnisse auslebt, was besonders in der Kuba-Episode deutlich wird (ab S. 187). Faber betrachtet die Welt mit anderen Augen – er verzichtet auf das Filmen (S. 198), er führt Gespräche, genießt zum ersten Mal, dass er nichts zu tun hat, singt, obwohl er nicht singen kann (siehe S. 197), und fasst sein Lebensgefühl – trotz des „Hirngespinst(es): Magenkrebs" (S. 194) und seiner Impotenz bei einer Kubanerin („Vakuum zwischen den Lenden", S. 193) – in den Satz: „Ich preise das Leben!" (S. 197) Eng mit seiner Sicht auf Männer und Frauen ist Fabers Sicht auf Technik und Natur verknüpft. Fabers Weltsicht ist die Sicht des Technikers und Ingenieurs, er lebt in der Welt der Maschinen, der Turbinen, der Elektrizität, der Kybernetik und der Roboter:

Technik und Natur

„Der Roboter erkennt genauer als der Mensch, er weiß mehr von der Zukunft als wir, denn er errechnet sie, er spekuliert nicht und träumt nicht (...); der Roboter braucht keine Ahnungen –" (S. 81).

Fehlkonstruktion Mensch

Der Mensch ist für ihn im Grunde eine unvollkommene Maschine, letztlich eine Fehlkonstruktion, weil mit fehlerhaftem Material ausgestattet: „Fleisch ist kein Material, sondern ein Fluch." (S. 186) Faber ist ein stets Tätiger, Untätigkeit hasst er. Bei seinem zweiten Besuch auf der Plantage macht er sich sofort daran, Herberts Wagen zu reparieren; er redet nicht „von persönlichen Dingen", erkundigt sich aber nach dem Fahrzeug, um es instand zu setzen (siehe S. 181). In der Wüste macht es ihn nervös, „daß es (...) kei-

3.3 Aufbau

nen Strom gibt, kein Telefon, keinen Stecker, nichts." (S. 29) Die grandiose Naturkulisse des Mondes über der Wüste von Tamaulipas reduziert sich für Faber auf eine statistische Größe:

> „Ich sehe den Mond über der Wüste von Tamaulipas – klarer als je, mag sein, aber eine errechenbare Masse, die um unseren Planeten kreist, eine Sache der Gravitation, interessant, aber wieso ein Erlebnis?" (S. 25)

In diesem Zusammenhang äußert er sich nahezu zynisch über die Sichtweise der „anderen" und koppelt diese Sichtweise mit der Art der Wahrnehmung, die seiner Meinung nach typisch für Frauen ist:

> „Ich sehe auch keine versteinerten Engel, es tut mir leid; auch keine Dämonen, ich sehe, was ich sehe: die üblichen Formen der Erosion, dazu meinen langen Schatten auf dem Sand, aber keine Gespenster. Wozu weibisch werden?" (S. 26)

Fantasie, Erlebnis, Naturbegeisterung, aber auch Angst vor oder in der Natur: dies tut Faber als Mystifikation und als weibliche Hysterie ab. Begeistert ist er von allem Technischen – wie er ja **von technischen Geräten umgeben** ist, von Kleingeräten wie Kamera und Rasierapparat und von Großgeräten wie Flugzeug und Turbinen. Dass das Flugzeug, das perfekte technische Großgerät, versagt, scheint für ihn lediglich ein technisch lösbares Problem zu sein, tatsächlich aber irritiert die Notlandung ihn mehr, als er zunächst zugibt. Im Zusammenhang mit seinem letzten Flug schreibt er:

Technikbegeisterung

3.3 Aufbau

> „Seit meiner Notlandung in Tamaulipas habe ich mich stets so gesetzt, daß ich das Fahrgestell sehe, wenn sie es ausschwenken, gespannt, ob die Piste sich im letzten Augenblick, wenn die Pneus aufsetzen, nicht doch in Wüste verwandelt –" (S. 213).

Als Faber nach dem Unfall Sabeths auf moderne technische Hilfsmittel dringend angewiesen ist, steht ihm diese Technik nicht zur Verfügung. Er bewegt sich zunächst, Sabeth tragend, zu Fuß fort, muss dann einen alten Eselskarren in Anspruch nehmen und schließlich die Fahrt in einem maroden, sehr langsamen LKW fortsetzen. Die Errungenschaften der Zivilisation und Technik versagen in entscheidenden Momenten. In konzentrierter Form steht die Natur Faber als Dschungel gegenüber, ihm, dem Städtebewohner, der sich in der Millionenmetropole New York eingerichtet hat. Den Dschungel empfindet er als Bedrohung, als ekelig und als Ort der Verwesung, wobei er eine Verbindung zum weiblichen Organismus und zur Sexualität herstellt:

Natur als Bedrohung

> „Marcel hatte vollkommen recht: Feuer ist eine saubere Sache, Erde ist Schlamm nach einem einzigen Gewitter (wie wir's auf unsrer Rückfahrt erlebt haben), Verwesung voller Keime, glitschig wie Vaseline, Tümpel im Morgenrot wie Tümpel von schmutzigem Blut, Monatsblut, Tümpel voller Molche, nichts als schwarze Köpfe mit zuckenden Schwänzchen wie ein Gewimmel von Spermatozoen, genau so – grauenhaft." (S. 73 f.)

Faber erlebt die Dschungelnatur als feindlich, wobei er hier die von ihm propagierte sachlich-nüchterne Betrachtungsweise der Dinge aufgibt und sehr emotionsgeladen reagiert. Diese mit Affekten negativer Art aufgeladene Darstellung der Natur kann als Projektion gedeutet werden; Faber projiziert eigene Ängste (vor dem

Natur als Projektion

3.3 Aufbau

Sam Shepard als Walter Faber im Kinofilm „Homo Faber" von 1991
© ullstein bild – united archives

Tod), aber auch verdrängte Triebe auf die Natur (die Molche sieht er als Samenzellen, den Tümpel sieht er voller Menstruationsblut). Tu sais que la mort est femme! (...) et que la terre est femme!" (S. 75, „Der Tod ist weiblich und die Erde ist weiblich"), zitiert Faber Marcel. Und Faber erscheint die Trias Erde-Frau-Tod als

„feindliches Gegenprinzip schlechthin und er ahnt, obwohl er es (zunächst) nicht wahrhaben will, dass er diesem unterliegt. In Faber selbst wuchert ja schon jenes übermäßige Zell-Leben, das zum Tod führt." [23]

Die Natur scheint ihm als nicht beherrschbar in ihrer organischen Vielfalt und in ihrem ständigen Kreislauf von Werden und Vergehen, von dem er nicht akzeptieren will, ein Teil zu sein. Erst spät verändert sich auch in diesem Punkt Fabers Position:

---
23 Meurer, S. 19.

3.3 Aufbau

„Ich sitze nochmals auf den Uferblöcken und rauche nochmals eine Zigarre – ich filme nichts mehr. Wozu! Hanna hat recht: nachher muß man es sich als Film ansehen, wenn es nicht mehr da ist, und es vergeht ja doch alles –" (S. 198).

Zufall und Schicksal

Als weiteres Oppositionspaar können Zufall und Schicksal gelten. Faber konstatiert: „Ich glaube nicht an Fügung und Schicksal (...)." (S. 23) Was ihm widerfährt, sieht er als eine Kette von Zufällen an („Ich bestreite nicht: Es war mehr als ein Zufall, daß alles so gekommen ist, es war eine ganze Kette von Zufällen.", ebd.). Im Zusammenhang mit der Schiffspassage, während der er Sabeth kennenlernt, heißt es:

„Es war wieder ein purer Zufall, was die Zukunft entschied, nichts weiter, ein Nylon-Faden in dem kleinen Apparat – jedenfalls ein Zufall, daß wir nicht schon aus der Wohnung gegangen waren (...)." (S. 68)

Rolle des Zufalls

Fabers Beharren auf der Rolle des Zufalls ist einmal auf dem Hintergrund seiner Kenntnisse über Wahrscheinlichkeitslehre, Statistik und Gesetzmäßigkeiten in der Mathematik zu sehen. Ausdrücklich betont er in diesem Zusammenhang, dass das Eintreffen von Unwahrscheinlichem keinen Anlass für Wunderglauben oder Mystifikationen böte, sondern lediglich den Grenzfall des Möglichen darstelle (siehe S. 23 f.). Das Beharren auf dem Zufall steht aber vor allem in engem Zusammenhang mit dem Versuch, seine Schuld zu leugnen. Indem er die Katastrophe als Folge einer Kette von Zufällen darstellt, nimmt er sich und seine Verantwortung zurück. Er will es sich nicht eingestehen, dass er auf dem Schiff bald schon die Nähe Sabeths gesucht hat; er war die treibende Kraft bei

3.3 Aufbau

der Fortsetzung der Bekanntschaft, denn er ist regelmäßig in den Louvre gegangen, weil er sie dort treffen wollte; Faber bot Sabeth die gemeinsame Reise mit dem Wagen an; vor allem aber: Fragen nach dem Umfeld des Mädchens, nach seiner Herkunft und Familie stellt er nicht bzw. zu spät; alle aufkommenden Gedanken und Vermutungen (z. B. die von ihm festgestellte Ähnlichkeit zwischen Sabeth und Hanna), die das Problem seiner möglichen Vaterschaft berühren, verdrängt er oder tut er als unsinnig ab. Für ihn gilt aber, was Frisch über den Zufall im *Tagebuch* notiert hat:

> „Das Verblüffende, das Erregende jedes Zufalls besteht darin, daß wir unser eigenes Gesicht erkennen; der Zufall zeigt mir, wofür ich zur Zeit ein Auge habe, und ich höre, wofür ich eine Antenne habe. (...) Am Ende ist es immer das Fällige, was uns zufällt." [24]

Max Frisch über Zufälle

So gesehen, bringen die Zufälle nur das ans Licht, wonach sich Faber gesehnt hat, ohne es sich einzugestehen. Seine Handlungen sind Folge einer inneren Disposition. Er hat eine Antenne für das, was Sabeth ihm sagt, und er hat ein Auge für ihren Liebreiz. Seine heftige Abwehr körperlicher Beziehungen und intimer Nähe, seine unterdrückten Sehnsüchte und Triebe brechen sich nur scheinbar zufällig Bahn; wenn er Sabeth gegenüber Gefühle entwickelt, dann holt er mit der Tochter nach, was er in der von seiner Seite durch Pragmatismus bestimmten Beziehung mit der Mutter versäumt hat. Sein Versagen gegenüber Hanna hat sich Faber bisher nie eingestanden, er hat es verdrängt. Dabei ist Faber kein Opfer der Umstände, sondern er arrangiert bestimmte Konstellationen, aus denen dann allerdings eine – tragische – „Super-Constellation"

---

24 Zitiert nach: Jurgensen (Hrsg.), S. 11.

3.3 Aufbau

wird. Die „Fügung", die Faber so sehr bestreitet, wird grundiert durch zahlreiche Verweise auf die Antike, die im Kontrast zur Moderne (zum modernen Leben) stehen. Auf der Ebene der Schauplätze stehen sich Amerika (die USA) als Land der Neuzeit und Griechenland als Land der Antike gegenüber, wie sich Hochhäuser in New York und Tempel in Griechenland gegenüberstehen.

Das Motiv der Blindheit

Zu den die innere Dramaturgie des Romans konstituierenden Elementen gehören auch **Motive und Metaphern**. In enger Verbindung mit den Anspielungen auf die Mythologie (siehe hierzu aber Kapitel 3.7 dieser Erläuterung) steht das Motiv der Blindheit (das ebenfalls ein zentrales Motiv im *König Ödipus* ist) und des Sehens. „Ich bin Techniker und gewohnt, die Dinge zu sehen, wie sie sind. Ich sehe alles, wovon sie reden, sehr genau; ich bin ja nicht blind." (S. 25) Der Blick, den Faber hat, ist aber eben nur der Blick des Technikers, der quantifiziert. Dieser Blick versagt im Zusammenhang mit Sabeth völlig; Faber ist blind, weil er nicht sehen will – und dies in doppelter Weise. Er will die Zeichen nicht sehen, die darauf hindeuten, dass Sabeth vielleicht doch seine Tochter ist; und er will – zumindest zunächst – seine schuldhafte Verstrickung nicht sehen; ihm fehlt die EIN-SICHT. Diese Einsicht zu erlangen ist ein langer und schmerzhafter Prozess, an dessen Ende Faber jedoch sehend geworden ist. Er hat Einblick in seine Vergänglichkeit gewonnen, und er hat seine Schuld eingesehen:

> „Warum sagt sie's nicht, daß ich ihr (Hannas) Leben zerstört habe? Ich kann mir nach allem, was geschehen ist, ihr Leben nicht vorstellen. Ein einziges Mal habe ich Hanna verstanden, als sie mit beiden Fäusten in mein Gesicht schlug, damals am Totenbett." (S. 209)

3.3 Aufbau

Das Motiv des Singens erlangt seine Bedeutung durch die völlige Zweckfreiheit dieser Tätigkeit. Das Singen ist Ausdruck reiner Lebensfreude und puren Gefühls – es ist somit Fabers an Zweckmäßigkeiten und Utilitarismen orientiertem Weltbild zunächst diametral entgegengesetzt. Durch die Begegnung mit Sabeth und durch Fabers veränderte Wahrnehmungs- und Gefühlswelt erlangt das Singen die Bedeutung eines zentralen Elementes der Erinnerung. Faber erinnert sich an Sabeths Gesang am morgendlichen Strand während des Sonnenaufgangs („(...) und Sabeth, die mich umarmt, als habe ich ihr alles geschenkt, das Meer und die Sonne und alles, und ich werde nie vergessen, wie Sabeth singt!", S. 165). Bei der Vorführung der Filme in Düsseldorf wird er noch einmal mit der singenden Sabeth konfrontiert; es sind die letzten Bilder auf der letzten Rolle – Faber sieht seine Tochter – aber „unhörbar –" (S. 208). Während seines Aufenthaltes in Kuba wird Faber selbst zum „Singenden", wie er hier auch zum „Schauenden" wird, der die Welt nicht mehr durch das Objektiv seiner Kamera wahrnimmt, sondern sich ihrer lebendigen Gestalt annähert (siehe S. 196–198). Das Singen ist verbunden mit Glück! In diesen Glücksmomenten kommt Faber äußerlich und innerlich zur Ruhe, wogegen sein Leben bisher durch rastloses Reisen bestimmt ist (Flugzeug, Schiff, Bahn, Auto). Während Faber aber äußerlich in Bewegung ist, herrscht innerlich ein Stillstand. Seine berufliche Tätigkeit ist mit zahlreichen Reisen verbunden; er durchfährt und überfliegt Länder und Kontinente, ist überall und nirgends wirklich zu Hause; seine Wohnung ist lediglich eine Zwischenstation, bevor er zu einer neuen Reise aufbricht. Die Reise mit dem Schiff nach Europa wird für Faber zu einer Schicksalsreise.

Das Motiv des Singens

„Ich hatte das Gefühl, ein neues Leben zu beginnen, vielleicht bloß, weil ich noch nie eine Schiffreise gemacht hatte; jedenfalls freute ich mich auf meine Schiffreise." (S. 69)

Reise-Metaphorik

3.3 Aufbau

Das Gefühl Fabers trügt nicht, wenngleich Faber die Redewendung vom „neuen Leben" wohl ganz anders verstanden wissen will. Mit der Schiffreise beginnt ja wirklich ein neues Leben für ihn, ein Leben, das allerdings in die Katastrophe führt, denn das Mädchen, das er trifft, ist keine „harmlose Reisebekanntschaft" (S. 87). Die Schiffreise hat eine **„innere Reise"** Fabers zur Folge – eine Reise der Selbsterkenntnis. Als Faber auf seiner „inneren Reise" fast bei sich selbst angekommen ist, entschließt er sich, seinen Beruf aufzugeben und nach Athen zu ziehen, wo er endgültig bei sich ankommen wird. Dieses Ankommen bei sich selbst ist aber verbunden mit dem Ende seiner Existenz überhaupt. Auf seinen Tod deuten die Hinweise auf seine Krankheit und die zahlreichen Todessymbole hin. Seine Krankheit, den Magenkrebs, teilt Faber übrigens mit Dürrenmatts Kommissar Bärlach. Ebenso wie bei Bärlach kann auch bei Faber die Krebskrankheit als Metapher gedeutet werden. Bärlach und Faber werden von innen her zerfressen. Bärlach trägt seit Jahrzehnten eine verhängnisvolle Schuld mit sich herum (eine fatale Wette führt zum Tod eines unschuldigen Menschen, vgl. *Der Richter und sein Henker*), Fabers Krebserkrankung kann „psychosomatisch gedeutet werden als Protest seines Körpers gegen die jahrzehntelange Verdrängung eines Teils seiner selbst."[25] Auf Fabers Tod deuten zahlreiche symbolische Verweise hin (Todessymbolik), so etwa die Entdeckung des toten Joachim, die in der Dschungelepisode auftauchenden Zopiloten (siehe etwa S. 37 und S. 53), die Selbstbespiegelungen Fabers, besonders die ausführliche Betrachtung im Krankenhaus (S. 185 f.), und die Begegnungen mit Professor O., der Faber beim letzten Gespräch bereits vorkommt wie „ein Schädel mit Haut darüber" und dessen Lachen klingt „wie bei einem Totenkopf" (S. 210). Zwischen sich und

Krebs als Metapher

Todessymbolik

---

25 Müller-Salget, *Max Frisch*, RUB 15210, S. 96.

3.3 Aufbau

das Leben bzw. die Natur setzt Faber technische Geräte; sie sind ihm konsequenter Ausdruck einer angemessenen menschlichen Lebensweise: „Wir leben technisch, der Mensch als Beherrscher der Natur, der Mensch als Ingenieur, und wer dagegen redet, der soll auch keine Brücke benutzen, die nicht die Natur gebaut hat." (S. 116) Seine Kamera begleitet ihn um die halbe Welt (siehe S. 11). Dem Leben und den Menschen zieht er die mit ihr geschossenen Bilder vor, denn die Filmstreifen kann er sortieren und beschriften und damit katalogisieren und kategorisieren. Nach der Notlandung in der Wüste greift er als Erstes zur Kamera (S. 24), vor der Beerdigung Joachims macht er Aufnahmen des Toten, er lichtet Ivy ebenso ab wie Sabeth. Fabers Kamera ist ein Symbol der „Täuschungstechnik und ihrer selektiven Blindheit (...): das Sehen auf Knopfdruck."[26] Auf Kuba benötigt er die Kamera nicht mehr, weil er gelernt hat zu „schauen". Weil Faber Menschen und sich selbst nicht vertraut, setzt er sein Vertrauen in die Technik, obwohl dieses Vertrauen gleich zu Beginn des Berichts als brüchig erscheint.

Technische Geräte: die Kamera

Seine „Super-Constellation" (S. 7) startet mit dreistündiger Verspätung, weil Schneestürme, eine Naturgewalt also, das technische Gerät am Boden halten. Gleichzeitig sieht Faber in einer Zeitung „First Pictures Of World´s Greatest Air Crash In Nevada", was ihn angeblich aber nicht nervös macht (S. 7). Gleichwohl fühlt er sich im Schneetreiben „wie ein Blinder" (S. 8). Der Flug der Maschine bzw. die Maschine selbst werden zur Metapher für die kommenden Ereignisse und die Entwicklung Fabers. Die „Super-Constellation" führt Faber in eine Beziehungskonstellation, eine „Über-Konstellation", in der Faber, Hanna, Sabeth und Joachim in tragischer Weise aufgestellt und miteinander verbunden sind.

Die Super-Constellation

---

26 Lubich, S. 47.

3.4 Personenkonstellation und Charakteristiken

ZUSAMMENFASSUNG

Die Hauptpersonen des Romans sind

Walter Faber:
- → 50 Jahre alt, Ingenieur, für die UNESCO tätig
- → Er lebt in der Welt der Vernunft, des Berechenbaren, der Mathematik; die Natur, die Sinnlichkeit und das Emotionale sind ihm eher fremd.
- → Er leidet häufig unter starken Magenschmerzen, ignoriert seine Krankheit aber lange.

Hanna:
- → Hanna Landsberg ist als Kontrastfigur zu Faber angelegt.
- → Sie ist temperamentvoll, spontan und willensstark.
- → Als „Halbjüdin" flieht sie zur Zeit des Nationalsozialismus aus Deutschland.
- → Sie hat Kunstgeschichte studiert und arbeitet am Archäologischen Institut in Athen.

Sabeth:
- → Sabeth (eigentlich: Elisabeth), 20 Jahre alt, ist ambivalent angelegt.
- → Sie interessiert sich für Kunst, begeistert sich auf der Reise mit Faber für Natur und Landschaft, ist aber auch mit Attributen zeitgenössischer Jugendlichkeit ausgestattet.

Wir stellen die Hauptpersonen ausführlich vor, gehen aber auch auf wichtige Nebenfiguren und die Beziehungen der Figuren zueinander ein.

3.4 Personenkonstellation und Charakteristiken

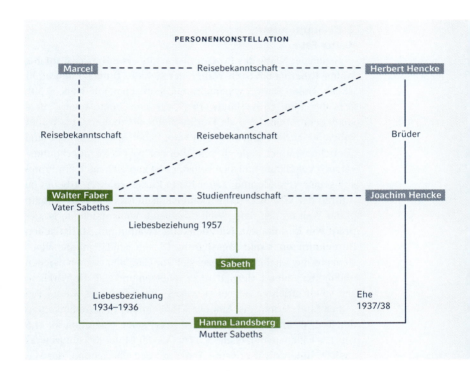

Betrachtet man die Beziehung der (Haupt-)Figuren in *Homo faber* und die Charaktere der Figuren, so ist zunächst zu beachten, dass das Erzählte **aus der Perspektive Walter Fabers** präsentiert wird; daraus ergibt sich, dass wir – außer bei Faber selbst – alle Figuren in einer Außensicht, mit den Augen Fabers nämlich, sehen. Hinzu kommt, dass Faber sich selbst verändert und mit ihm sein Blick auf die Welt, die Dinge und vor allem die Menschen.

3.4 Personenkonstellation und Charakteristiken

Die Hauptfiguren
Walter Faber[27]

Schon der **Name des Protagonisten** gibt erste Hinweise auf ihn. Walter Faber ist ein Sach-Walter, der sich der Dinge annimmt. Er ist der „Homo Faber", wie ihn Hanna spöttisch nennt (siehe S. 50), er ist der „Mensch als Handwerker", der dem „homo ludens", dem spielenden Menschen, als Kontrastfigur gegenübersteht. Walter Faber, 50-jähriger Ingenieur und Vater Sabeths, ist Hauptfigur und „Berichterstatter" zugleich; sein „Bericht" ist ein Rechtfertigungsversuch vor Hanna und sich selbst, er ist zugleich auch ein Protokoll seiner Veränderung. Faber hat in Zürich studiert, arbeitet im Auftrag der UNESCO (Entwicklungshilfsdienst) und reist ständig in der Welt umher. Seine Welt bzw. seine Weltvorstellung ist **geprägt von Rationalität, Nützlichkeitserwägungen, statistischen Berechnungen, exakt Messbarem**. Diese Grundelemente seines Denkens dienen ihm auch dazu, sich vor Gefühlen (seinen eigenen und denen anderer Menschen) zu schützen und sich die Wirklichkeit so einzurichten, wie er es will. So verdrängt er etwa am Tag seiner Einlieferung ins Athener Krankenhaus den Gedanken an den Tod, wenn er darauf hinweist, dass seine Operation in 94,6 von 100 Fällen gelingt (siehe S. 178). Als der Motor des Flugzeuges ausfällt, unterdrückt er seine Angst mit der Überlegung, die Maschine könne notfalls auch mit zwei Motoren fliegen (siehe S. 17). Die Statistik, die Zahlen, die Mathematik dienen ihm aber auch dazu, seine eigene Schuld „klein zu rechnen":

Statistik und Mathematik

---

[27] Der Abschnitt über Walter Faber ist im Zusammenhang mit dem vorhergehenden Kapitel zu lesen, in dem bereits wesentliche Informationen über Walter Faber gegeben werden.

3.4 Personenkonstellation und Charakteristiken

> „Ich rechnete im stillen (während ich redete, mehr als sonst, glaube ich) pausenlos, bis die Rechnung aufging, wie ich sie wollte: Sie konnte nur das Kind von Joachim sein! Wie ich's rechnete, weiß ich nicht; ich legte mir die Daten zurecht, bis die Rechnung wirklich stimmte, die Rechnung als solche. In der Pizzeria, als Sabeth eine Weile weggegangen war, genoß ich es, die Rechnung auch noch schriftlich zu überprüfen." (S. 132)

Faber weigert sich hier, die Fakten wirklich zur Kenntnis zu nehmen. Um sich nicht eingestehen zu müssen, dass er mit seiner Tochter geschlafen hat, benutzt er die Mathematik zur Manipulation der Wirklichkeit und setzt den Inzest fort. Dadurch lädt er Schuld auf sich.

Bevor Faber Sabeth kennenlernt, ist er bekennender Junggeselle, er lebt in einer lockeren Beziehung mit dem Mannequin Ivy, von dem er sich allerdings vor der Schiffsreise nach Europa trennt. Faber meidet körperliche Nähe, schon Alltagsberührungen sind ihm unangenehm („... ich hasse diese Manie, einander am Ärmel zu greifen", S. 18), wie er überhaupt alles Körperliche unangenehm findet. Daraus resultiert auch sein nahezu zwanghafter Hang, sich zu duschen und zu rasieren:

Zwangshandlungen

> „Ich fühle mich nicht wohl, wenn unrasiert; nicht wegen der Leute, sondern meinetwegen. Ich habe dann das Gefühl, ich werde etwas wie eine Pflanze, wenn ich nicht rasiert bin, und ich greife unwillkürlich an mein Kinn." (S. 29)

Das Gefühl, eine Pflanze zu werden, deutet darauf hin, dass Faber alles Vegetativ-Natürliche, weil mit Werden und Vergehen verbunden, unangenehm ist. Seine Steigerung zum Ekel erfährt diese Einstellung Fabers in den Dschungel-Episoden. Die Ablehnung alles Körperlichen kulminiert in Fabers **Sexualfeindlichkeit**, die er – beim Anblick der tanzenden Sabeth – in die Worte fasst:

3.4 Personenkonstellation und Charakteristiken

Ablehnung des Geschlechtlichen

„Ich schwenkte mein Glas, um zu riechen, und wollte nicht daran denken, wie Mann und Weib sich paaren, trotzdem die plötzliche Vorstellung davon, unwillkürlich, Verwunderung, Schreck wie im Halbschlaf. Warum gerade so? Einmal von außen gedacht: Wieso eigentlich mit dem Unterleib? Man hält es, wenn man so sitzt und die Tanzenden sieht und es sich in aller Sachlichkeit vorstellt, nicht für menschenmöglich. Warum gerade so? Es ist absurd, wenn man nicht selber durch Trieb dazu genötigt ist, man kommt sich verrückt vor, auch nur eine solche Idee zu haben, geradezu pervers." (S. 101)

Auch an diesem Beispiel werden die in Faber wirkenden Verdrängungsmechanismen deutlich. Seine Ausführungen sind dadurch bestimmt, dass er bereits Interesse an Sabeth hat, sogar eifersüchtig auf ihren Begleiter ist, sich das aber nicht eingestehen will. Die sexuelle Attraktion (oder erotische Anziehungskraft), die von Sabeth auf ihn ausgeht, gesteht sich Faber aber nicht ein. Wie er **seine Sexualität verdrängt** (er betont auch, dass es Ivy ist, die ihn verführt, siehe S. 71), so verdrängt Faber zunächst seine Gefühle, den Gedanken an den Tod (die Schwere seiner Krankheit) und seine Schuld. Fabers Begegnung mit Sabeth führt zu einem Freisetzen lange unterdrückter Gefühle und Sehnsüchte; Faber lässt es allmählich zu, dass andere Seiten in ihm, die lange verschüttet waren, nach oben kommen. Im Bewusstsein seiner eigenen Vergänglichkeit wird er zu einem andern Faber, der zwar schuldbeladen, aber bei sich angekommen ist.

3.4 Personenkonstellation und Charakteristiken

Hanna

Hanna Landsberg (eine „deutsche Halbjüdin", S. 219) ist es, die Faber als „Homo faber" bezeichnet, da er sie eine „Schwärmerin und Kunstfee" nennt (S. 50). Faber betont ihr Temperament, behauptet, sie sei immer sehr empfindlich und sprunghaft gewesen („manisch-depressiv", S. 50, nennt sie Joachim), habe einen Hang zum Kommunismus und zum Mystischen bzw. zum Hysterischen gehabt (siehe S. 50). Damit sind Faber und Hanna wie in einer Versuchsanordnung als Gegenpole in einer dualistischen Geschlechterbeziehung aufgestellt. Hanna repräsentiert das Gegenbild zu Faber (siehe hierzu ausführlich S. 67 f. dieser Erläuterung). Noch am Hochzeitstag entscheidet sich Hanna gegen die Heirat mit Faber, weil sie ihm vorwirft, sie lediglich aus ichbezogenen Gründen heiraten zu wollen (siehe S. 61). Die mit Faber zunächst getroffene Vereinbarung, das gemeinsame Kind mit Hilfe von Joachim abzutreiben, hält sie nicht ein. Stattdessen trägt sie das Kind aus und heiratet Joachim (1937), trennt sich aber 1938 wieder von ihm (als Joachim, der gerne ein Kind mit ihr gehabt hätte, erfährt, dass sie sich hat sterilisieren lassen, meldet er sich freiwillig zur Wehrmacht, dies ist der Anlass für die Trennung, siehe S. 219). 1941 flieht Hanna nach London und heiratet den in England internierten deutschen Kommunisten Piper, von dem sie sich 1953 trennt (zu den Gründen siehe S. 156). Hanna, die in Zürich Kunstgeschichte studiert hat, wo sie auch Faber kennenlernte, (die Treffen mit Faber fanden immer in ihrer Wohnung statt, weil Faber noch bei seinen Eltern wohnte, siehe hierzu S. 50 f.), arbeitet am Archäologischen Institut in Athen und erzieht ihre Tochter Elisabeth, von ihr Elsbeth genannt, allein. Als sich Faber und Hanna wiederbegegnen, beschreibt er sie als „Dame mit grauem und kurzgeschnittenem Haar, mit Hornbrille" (S. 143), also durchaus als intellektuelle Erscheinung. Ihre Wohnung ist voller Bücher, eine „Gelehrten-

Hanna als Gegenbild zu Faber

3.4 Personenkonstellation und Charakteristiken

Sachlichkeit als Selbstschutz

Wohnung" (S. 144). In einer Diskussion mit Faber über dessen Weltanschauung zeigt sie sich ihm nicht nur als intellektuell ebenbürtig, sondern sie seziert auch seine Weltsicht (siehe S. 184 f.). Hanna bleibt bei der ersten Begegnung mit Faber sachlich und kühl, freundlich-distanziert. Diese Haltung nimmt sie allerdings durchaus auch aus Selbstschutz ein, denn sie weicht der Antwort auf die entscheidende Frage, nämlich ob Faber Sabeths Vater ist, immer wieder aus, indem sie diskursive Geplänkel mit Faber führt oder auf Alltägliches zu sprechen kommt. Sie behauptet sogar auf Fabers direkte Frage, er sei nicht Sabeths Vater (S. 157). Ihr Schluchzen in der Nacht verschafft Faber in dieser Frage aber Gewissheit. Bei der Nachricht vom Tod Sabeths entlädt sich ihre Verzweiflung, indem sie Faber mit den Fäusten ins Gesicht schlägt. Diese Verzweiflung ist nicht nur eine Verzweiflung über den Tod der Tochter oder das, was zwischen Sabeth und Faber geschehen ist, sondern auch eine Verzweiflung über sich selbst. Ihre Verneinung der Vaterschaft Fabers bezieht sich nämlich nicht auf den biologischen Akt der Zeugung, sondern darauf, dass sie es Faber nicht gestattet hat, Sabeth überhaupt ein Vater zu sein, wie sie auch Joachim davon ausgeschlossen hat, ein Vater für Sabeth bzw. Vater eines gemeinsamen Kindes zu werden (heimliche Sterilisation). Sie macht es sich nun zum Vorwurf, Sabeth wie einen Besitz betrachtet zu haben, ihr den Vater vorenthalten zu haben. Wie Faber den Namen Elisabeth auf Sabeth verkürzt, so verkürzt Hanna den Namen ihres Kindes auf Elsbeth. Hanna nennt sich selbst eine „Idiotin" (S. 220) und fällt vor Faber auf die Knie, um ihn um Verzeihung zu bitten, und küsst seine Hand (ebd.). Hanna weiß, dass es deswegen zum Inzest und auch zum Tod ihrer Tochter gekommen ist, weil Sabeth ihren Vater nicht gekannt hat. Hanna ist Teil der „Über-Constellation", ohne dass die Verantwortung von Faber dadurch minimiert würde. Rhonda L. Blair schreibt hierzu:

Hannas Schuld

3.4 Personenkonstellation und Charakteristiken

„So wurde Hanna auch an Sabeth schuldig, indem sie ihr eine Familie mit einem Vater vorenthielt (...); sie wurde an Faber schuldig, indem sie ihm seine Vaterschaft verhehlte, und an Joachim, indem sie ihm die Vaterschaft (...) verweigerte (...); und sie wurde schuldig an sich selbst, indem sie ihre eigene Individualität erstickte und hinter dem Bildnis ‚Mutter' verbarg."[28]

Sabeth

Faber hält zunächst äußerliche Eindrücke von Sabeth fest; er registriert den blonden (oder rötlichen) „Roßschwanz" (S. 75) der 20-Jährigen, die schwarze Cowboy-Hose, den schwarzen („existentialistischen", ebd.) Rollkragenpullover, die Halskette aus gewöhnlichem Holz, die Espadrilles, alles – wie er meint – „ziemlich billig" (ebd). In der Hosentasche steckt ein grüner Kamm (ebd.). Faber macht es Freude, Sabeth beim Ping-Pong-Spielen zuzusehen, immer wieder geht er am Ping-Pong-Tisch vorbei. Schon am ersten Abend auf dem Schiff spielen sie gemeinsam. Faber sucht ihre Nähe, ohne genau angeben zu können warum. Aber von Beginn ihrer Bekanntschaft an erinnert Sabeth ihn an Hanna, wenngleich er einschränkend bemerkt: „Ich sagte mir, daß mich wahrscheinlich jedes junge Mädchen irgendwie an Hanna erinnern würde." (S. 85) Was die **eigentümliche Anziehungskraft Sabeths auf Faber** ausmacht, wird letztlich nicht wirklich deutlich. Im Grunde haben sie zunächst wenig Anknüpfungspunkte; Sabeth interessiert sich für Kunst, der Faber eher desinteressiert gegenübersteht (siehe S. 116, wo er Sabeths Interesse an Kunst als „Manie" bezeichnet); sie liest Tolstoi, und Faber fragt sich, was sie von Männern versteht (siehe S. 90). Während Faber sich bei

Erscheinungsbild

Sabeths Interessen

---

28 Rhonda L. Blair, *Homo faber, Homo ludens und das Demeter-Kore-Motiv*, in: Schmitz (Hrsg.), *Homo faber*, S. 143.

3.4 Personenkonstellation und Charakteristiken

der Führung durch den Maschinenraum in technischen Vorträgen ergeht (eine Passage, in der Faber nicht nur Sabeth berührt und körperlich wahrnimmt, sondern die hochgradig mit Sexualsymbolik aufgeladen ist, siehe S. 93–95), fragt sie danach, ob es im Wasser Haifische gebe. Als Faber ihr seine Einstellung zu Beziehungen zwischen Mann und Frau darlegt, findet sie ihn „zynisch" (S. 99). Diskrepanzen zwischen Faber und Sabeth sind unverkennbar:

Szene aus dem Stück *Ödipus auf Cuba* von Armin Petras nach Motiven des Romans *Homo faber* mit Julischka Eichel und Peter Kurth, Premiere 2008
© cinetext/OZ

3.4 Personenkonstellation und Charakteristiken

„Insofern war sie nicht immer leicht, unsere Reise, oft komisch: ich langweilte sie mit Lebenserfahrung, und sie machte mich alt, indem sie von Morgen bis Abend überall auf meine Begeisterung wartete ..." (S. 119)

Während der Mondfinsternis hat Sabeth zum ersten Mal den Eindruck, dass Faber sie beide ernst nimmt. Sie küsst Faber wie nie zuvor und kommt in der Nacht zu ihm (S. 135). Sabeth zu charakterisieren ist nicht ganz einfach, denn sie bleibt – erstaunlicherweise – insgesamt **eher konturlos**, ihr Charakter damit aber deutungsoffen, was zwei völlig konträre Einschätzungen dokumentieren sollen. So schreibt Sybille Heidenreich u. a.:

Zwei konträre Einschätzungen

„Imponierend an Sabeth ist, dass sie immer so ganz sie selbst bleibt. (Sabeth) ist das ausgleichende Element, der wahre Mensch. Sie hat viel von der Mutter gelernt, verehrt sie sicher, hängt aber nicht an ihrem Rockschoß. (...) Dabei ist sie keine romantische Schwärmerin, sondern ein durchaus modernes Mädchen mit Cowboy-Hose, Pferdeschwanz, Zigarette und Existenzialistenpullover, erfüllt von wissbegieriger Neugier, die sie alles für sich neu entdecken lässt: Menschen und Dinge, Kunst und Natur." [29]

Demgegenüber kommt Mona Knapp zu der Einschätzung:

„Auch Walters Tochter Elisabeth zeigt nicht viel mehr Substanz als Ivy. Sie wird ebenfalls durch Dingaccessoires charakterisiert – der Pferdeschwanz, die Cowboy-Jeans, die Espadrilles –, und sie ist, aufs Ganze gesehen, einfach zu gut, um glaubhaft

---
29 Heidenreich, S. 90.

3.4 Personenkonstellation und Charakteristiken

zu wirken. Ihre Persönlichkeit erscheint flach und folienhaft, nachgerade kitschig, und dennoch berührt sie Walter fremd und ‚anders'."[30]

Wichtige Nebenfiguren
Ivy

Über die sechsundzwanzigjährige Ivy weiß Faber nicht wirklich etwas, außer dass sie katholisch und Mannequin ist und keine Witze über den Papst duldet. Er beschreibt sie als „nicht dumm, aber ein bißchen pervers, (...) komisch, dabei ein herzensguter Kerl, wenn sie nicht geschlechtlich wurde." (S. 69) Ivy steht für alle Beziehungen, die Faber „absurd" findet; zugleich sind alle Frauen für ihn wie Ivy (Efeu). Sie ist starke Raucherin, hat die „Figur eines Buben, nur ihre Brust war sehr weiblich, ihre Hüften schmal" (S. 70). Sie umgibt sich gerne mit exklusiven Dingen; teure Speisen und Getränke gehören zu ihrem Lebensstil (siehe S. 62). Sie scheint großes Interesse daran zu haben, Faber zu heiraten (S. 7), macht ihm aber vor der Schiffsreise, die zugleich das Ende ihrer Beziehung ist, keine Szene zum Abschied, sondern wünscht ihm eine glückliche Reise und begleitet ihn bis aufs Schiff. Letztlich verkörpert Ivy das Klischee einer oberflächlichen, nur an Äußerlichkeiten interessierten Frau (Aussehen, Mode, Fahrzeuge). Die Kommunikation zwischen ihr und Faber ist auf Floskeln reduziert.

Klischee einer oberflächlichen Frau

---

[30] Mona Knapp, *Moderner Ödipus oder blinder Anpasser? Anmerkungen zu Homo faber aus feministischer Sicht*, in: Schmitz (Hrsg.), *Homo faber*, S. 196.

3.4 Personenkonstellation und Charakteristiken

Joachim Hencke

Joachim Hencke ist der Jugendfreund Fabers und erste Ehemann Hannas; aus Enttäuschung darüber, dass Hanna sich hat heimlich sterilisieren lassen, meldet er sich zur Wehrmacht. Nach seiner Rückkehr aus der Kriegsgefangenschaft verwirklicht er seinen alten Plan und wandert aus. Faber und Herbert Hencke finden ihn erhängt in der Plantage vor. Über die Gründe kann nur spekuliert werden, jedenfalls kann Faber Hanna keine Antwort geben. Ob er sich letztlich aufgehängt hat aus Unglück, weil Hanna ihm die Vaterschaft, die er sich wünschte, verweigert hat, wie es Rhonda L. Blair vermutet, mag dahingestellt sein.[31]

Der Jugendfreund

Marcel

Der Musiker ist durchaus als eine Kontrastfigur zu Faber angelegt. „Durch Marcel wird Faber mit einer Denk- und Lebensauffassung konfrontiert, die seinem eigenen Weltbild entgegengesetzt ist."[32] Marcel kritisiert den abendländischen Technikwahn, bezeichnet den *American Way of Life* als einen „Versuch, das Leben zu kosmetisieren", glaubt an die Wiederkehr der alten Götter (siehe S. 54), ist begeistert von den alten Indianerkulturen und ihrer Magie und Mystik (siehe S. 42, 45, 47). Faber bezeichnet Marcels Auffassungen als „Künstlerquatsch" (S. 54). Am Ende seiner Entwicklung hat sich Faber Marcel in vielen Auffassungen angenähert; auch er wird z. B. zu einem Kritiker des *American Way of Life*. Und Faber entdeckt etwas für sich, was Marcel mit Begeisterung tut: das Singen (siehe S. 53).

Musiker als Kontrastfigur

---

31 R. L. Blair, in: Schmitz (Hrsg.), *Homo faber*, S. 159.
32 Eisenbeis, S. 17.

3.5 Sachliche und sprachliche Erläuterungen

Da die zugrunde liegende Textausgabe ausführliche sachliche und sprachliche Erläuterungen enthält, kann an dieser Stelle darauf verzichtet werden. Sollte eine andere Ausgabe verwendet werden, sei ausdrücklich verwiesen auf Klaus Müller-Salget (Hrsg.), *Max Frisch – Homo faber*, Erläuterungen und Dokumente, Stuttgart: Reclam Verlag, 1987 (RUB 8179). Der Band enthält ausführliche Erläuterungen und daneben Informationen zur Entstehung des Romans, stellt Bezüge zu anderen Werken des Autors her, bietet Aussagen von Max Frisch, verschafft einen Überblick zum Stand der Forschung und präsentiert Texte zur Diskussion.

3.6 Stil und Sprache

3.6 Stil und Sprache

> ZUSAMMEN-
> FASSUNG

- → Die Sprache des Romans ist bestimmt durch die „Rollensprache" des Icherzählers. Walter Fabers Sicht auf sich selbst und die Welt bestimmt seinen Sprachstil, der durch Kürze, Nüchternheit und Formelhaftigkeit gekennzeichnet ist.
- → Fabers Sprache ist die Sprache des Technikers, Ingenieurs und Weltreisenden (Anglizismen, Elemente des Französischen und Spanischen).
- → Mit der Veränderung Fabers geht aber teilweise eine Veränderung seines Sprachgebrauchs einher.

Bei Max Frischs *Homo faber* handelt es sich um einen Rollenroman, in dem der als „Erzählerinstanz" fungierende Ingenieur Walter Faber einen als „Bericht" angekündigten Rückblick auf die letzten Monate seines Lebens wirft. Insofern ist die Sprache des Romans auch als „Rollensprache" zu verstehen, die den **Bewusstseins- und auch Seelenzustand Fabers spiegelt**.

Rollenroman

Rollensprache

„Und weil die Faber-Sprache eine Rollensprache ist, die die Verfassung von Faber demonstrieren soll, ist es leicht, in diesem Roman Sätze zu finden, die nicht nur von einer extremen Sprachverrottung zeugen, sondern auch bis an die Grenze der Verständlichkeit gehen können. (...) Mit (...) an sich nichtssagenden Wörtern wie ‚betreffend, beziehungsweise, in bezug auf', die eine syntaktische Beziehung simulieren, will Frisch die

„Faber-Sprache"

3.6 Stil und Sprache

absolute Beziehungslosigkeit Fabers demonstrieren, sein Unvermögen, etwas genau zu durchdenken."[33]

Bei einer Untersuchung der Sprache Fabers ist auch die Veränderung Fabers, der Prozess seiner Entwicklung zu berücksichtigen. Über die Sprache seines Protagonisten hat Max Frisch einmal angemerkt:

Sprache als Tatort

„Er lebt an sich vorbei, und die Diskrepanz zwischen seiner Sprache und dem, was er wirklich erfährt und erlebt, ist das, was mich dabei interessiert hat. Die Sprache ist also hier der eigentliche Tatort (...)."[34]

Schnodderiger Grundton

Fabers Sprache ist u. a. durch ihre Verkürzungen gekennzeichnet, wobei die verkürzten Sätze, oft elliptisch angelegt und im Nominalstil verfasst, im Zusammenhang mit Zeit- und Ortsangaben den Berichtsstil unterstreichen und zugleich Auskunft geben über Fabers verkürzte, Emotionen meidende Weltsicht. Die in den **parataktisch angelegten Sätzen** vermittelten Informationen werden gereiht (oft asyndetisch) und ersetzen Kausalzusammenhänge, für die eine syntaktische Über- und Unterordnung angemessen wäre, durch schlichte Reihung. Fabers Sprache hat oftmals einen schnodderigen Grundton, (Alltags-)Floskeln und Jargonelemente tauchen auf; zum Arsenal seiner Sprache gehören natürlich auch Typenbezeichnungen, Markennamen und Bezeichnungen für Produkte der Entstehungszeit des Romans. Eingebaut werden immer wieder Elemente des Anglo-Amerikanischen, wobei komplette

---

33 Walter Schenker, *Mundart und Schriftsprache*, zitiert nach: Müller-Salget (Hrsg.), *Homo faber*, S. 165.
34 Max Frisch, zitiert nach: Müller-Salget (Hrsg.), *Homo faber*, S. 130f.

3.6 Stil und Sprache

Floskeln oder Sätze übernommen werden, aber auch Einzelwörter in einem ansonsten in deutscher Sprache verfassten Satz auftauchen. Französische und spanische Sprachelemente sind ebenfalls zu finden. Faber neigt insgesamt zum unpersönlichen Stil (die Sprache als Schutzmantel für die Person). Im Zusammenhang mit seiner Entwicklung und Veränderung tauchen allerdings auch andere Sprachelemente auf, so etwa eine Neigung zur Bildlichkeit. Fabers Sprache eignet auch eine Doppelbödigkeit, so etwa, wenn er sagt: „Meine Operation wird mich von sämtlichen Beschwerden für immer erlösen (...)." (S. 178) Sein körperliches Leiden wird tatsächlich ein Ende haben, und auch seine Gewissensbisse und seine Schuldvorwürfe wird er mit ins Grab nehmen. Die Veränderung, die in ihm und mit ihm vorgeht, findet auch ihren Ausdruck in seinen Bezeichnungen für Sabeth: Diese ist zunächst „das Mädchen" (siehe S. 121, 134), mehrfach nennt er sie (auch das ist eine Doppelbödigkeit) „das Kind" (S. 135/136). Am Ende aber wird sie zu „unsrer Tochter" (S. 174).

Sprache als Schutzmantel

Neigung zur Bildlichkeit

3.6 Stil und Sprache

SPRACHLICHES MITTEL/STIL	BEISPIEL
Reihung elliptischer verkürzter Sätze	„Man erkannte die Wasserzweige des Mississippi, wenn auch unter Dunst, Sonnenglanz drauf, Geriesel wie aus Messing oder Bronze (...)." (S. 9)
Nominalstil (Ellipsen)	„Keine Antwort." (S. 18) „Jetzt ohne Böen." (S. 21) „Dann Felsen –" (S. 21) „Endlich die Strickleiter!" (S. 22) „Nie ein Flugzeug!" (S. 46) „Von Motor kein Ton!" (S. 47)
Zeit- und Ortsangaben (Telegrammstil)	„20. IV. Abflug von Caracas. 21. IV. Ankunft in New York (...)" (S. 62) „2. VI. Flug nach Caracas." (S. 179) „Zeit 10.25 Uhr." (S. 17)
Jargon	„Er kenne den Iwan!" (S. 10) „Wir hatten ein Affenschwein (...)." (S. 22)
Alltagssprache	„– überhaupt diese Fortpflanzerei überall, es stinkt nach Fruchtbarkeit, nach blühender Verwesung. Wo man hinspuckt, keimt es!" (S. 55)
Anglizismen	„Ich hatte Glück, indem ein cabin-class-Bett soeben freigeworden war (...)." (S. 64) „um ihn in den incinerator zu werfen (...)." (S. 63) „Zum Frühstück gab es Juice (...)." (S. 28)
Typenbezeichnungen/ Markennamen	„Super-Constellation" (S. 7), „rororo" (S. 9)[35], „DC-4" (S. 18), „Jockey-Unterhosen" (S. 24), „Studebaker" (S. 62)
bildhaftes Sprechen	„die Vögel mit ihrem Zwitschern und das Schattennetz auf dem Boden, die rote Blume ihrer Münder" (S. 195), „das Himbeer-Licht (...), die Wirbel von Blüten" (S. 197)

---

[35] rororo: Abkürzung für „Rowohlts Rotationsromane"

3.7 Interpretationsansätze

3.7 Interpretationsansätze

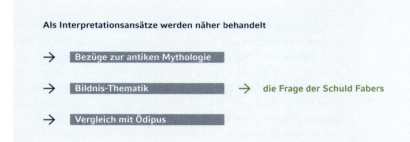

Als Interpretationsansätze werden näher behandelt
→ Bezüge zur antiken Mythologie
→ Bildnis-Thematik → die Frage der Schuld Fabers
→ Vergleich mit Ödipus

Der folgende Abschnitt greift einige der in den vorangegangenen Kapiteln behandelten Aspekte noch einmal gebündelt auf, stellt jedoch keine geschlossene Interpretation dar.

Bildnis-Thematik

In der begleitenden Fachliteratur wird als ein Themenkreis im Zusammenhang mit dem Roman und Max Frischs Gesamtwerk die „Bildnisproblematik" immer wieder zum Gegenstand von Erläuterungen gemacht. Auch Frisch selbst hat auf die Bedeutung dieser Thematik im Zusammenhang mit seinem Roman hingewiesen:

> „Dieser Mann lebt an sich vorbei, weil er einem allgemein angebotenen Image nachläuft, das von ‚Technik'. Im Grunde ist der ‚homo faber', dieser Mann, nicht ein Techniker, sondern ein verhinderter Mensch, der von sich selbst ein Bildnis gemacht hat, der sich ein Bildnis hat machen lassen, das ihn verhindert, zu sich selber zu kommen. (…) Der ‚homo faber' ist sicher ein Produkt einer technischen Leistungsgesellschaft und Tüchtig-

Frisch über Walter Faber

3.7 Interpretationsansätze

keitsgesellschaft, er mißt sich an seiner Tüchtigkeit, und die Quittung ist sein versäumtes Leben."[36]

Die Kamera: Bildnisse von den Menschen und der Welt

Walter Faber lebt allerdings nicht nur selbst in einer Bildniswelt, er verfertigt auch von den Menschen, mit denen er umgeht, „Bildnisse". Daraus resultieren solche Bezeichnungen wie „Kunstfee" (S. 50) für Hanna oder „Künstlerquatsch" (S. 54) für die Ansichten von Marcel. Im Zusammenhang mit der Anfertigung von „Bildnissen" soll an dieser Stelle noch einmal auf die **Kamera** hingewiesen werden, die Faber stets mit sich führt. Sie ist das technische Gerät, mit dem er sich ein Bildnis von der Welt und den Menschen macht, mit denen er zu tun hat, die er sich auf diesem Wege sozusagen technisch einverleibt, weil er sich mit ihrer lebendigen Existenz nicht wirklich auseinandersetzt.

Verobjektivierung und Reduktion

Faber sieht die Welt und die Menschen durch ein Objektiv und gleichzeitig objektiviert er sie, reduziert sie auf Einstellungsgrößen und Lichtverhältnisse. Wirkliche Nähe zu Menschen ist Faber fremd, wie er auch sich selber fremd ist, weil er alles, was nicht quantifizierbar und messbar ist, verdrängt, unterdrückt und abwertet. Die Entfremdung von den anderen und von sich selbst wird aufgehoben durch seine Bekanntschaft mit Sabeth. Die in ihm verborgenen, bisher aber unterdrückten Seiten zeigen sich in einem anderen Blick auf die Welt (jetzt ohne Kamera), in einem Zulassen von Gefühlen, in einem Annehmen seiner Körperlichkeit – auch seiner Krankheit – und in der Auseinandersetzung mit seiner Schuld. Wie der Beginn der Veränderung mit Schuld verknüpft ist, so ist die Einsicht in diese Veränderung und in seine Schuld verknüpft mit dem Tod. Im Zusammenhang mit den Veränderungen Fabers, also mit der Auflösung von Bildnissen, ist

---

36 Max Frisch, zitiert nach: Müller-Salget (Hrsg.), *Homo faber*, S. 131.

3.7 Interpretationsansätze

die Bedeutung der Kuba-Episode zu sehen, wobei hier durchaus unterschiedliche Einschätzungen möglich sind. Während Gerhard Kaiser z. B. meint, die seelische Wandlung Fabers erreiche während des Aufenthaltes in Havanna ihren Kulminationspunkt[37], betont Walter Schmitz:

Die Kuba-Episode

„Faber lebt auch in Cuba nicht ‚wirklich' und ist deshalb auch impotent, unschöpferisch, so dass sein Versuch, ‚nicht länger als Leiche im Corso der Lebenden zu gehen', ihn bloß zu zwei Prostituierten führt und in die ‚Blamage'."[38]

Bezüge zur Mythologie

Ein zweiter großer Themenkreis wird über die Inzest-Thematik und im Zusammenhang damit über Anspielungen, Andeutungen und direkte Bezüge zur antiken Mythologie in den Text geholt. Wenn Faber, im Zug fahrend, überlegt, ob er sich nicht die Augen ausstechen soll, dann ist das eine Anspielung auf Ödipus, der sich angesichts des von ihm angerichteten Unheils selbst blendet, wobei an die Stelle der inzestuösen Mutter-Sohn-Beziehung in Sophokles' Tragödie *König Ödipus* hier die inzestuöse Vater-Tochter-Beziehung tritt (siehe S. 209). Wenn Faber, in Hannas Wohnung in der Badewanne sitzend, daran denkt, dass Hanna ohne Weiteres eintreten könnte, um ihn mit der Axt zu erschlagen, dann spielt das auf die **Erschlagung Agamemnons** durch Ägisthus an, den Geliebten Klytämnestras. Diese lässt ihren Mann töten, weil er die gemeinsame Tochter Iphigenie opferte, um günstige Winde für die Ausfahrt aus dem Hafen von Aulis zum Krieg gegen Troja von den Göttern zu erbitten. Auf den „Kopf einer schlafenden Erinnye" (S. 120) ist in

Anspielung auf Ödipus

---

[37] Siehe Müller-Salget (Hrsg.), *Homo faber*, S. 152.
[38] Schmitz, in: Schmitz (Hrsg.), *Homo faber*, S. 235.

3.7 Interpretationsansätze

Eine Schreibmaschine vom Modell „Hermes-Baby". Quelle: Wikipedia

anderem Zusammenhang bereits hingewiesen worden. Bis hin in zahlreiche Details spielt der Text mit Elementen der Mythologie: Sabeth wird von einer **Aspisviper** gebissen, einem Tier der Erdentiefe, einem Dämon dienend und als heilig verehrt; Fabers **Schreibmaschine** ist das „Hermes-Baby", und der Name des behandelnden Arztes im Krankenhaus hat den gleichen Wortstamm wie ein **Beiname des Gottes Dionysos** (Dionysos Eleuthereos: der Befreier).

Diese Anspielungen und Andeutungen dürfen nun aber nicht so verstanden werden, als ginge es darum, eine antike Schicksalsgeschichte in modernem Gewande zu präsentieren. Faber steht ja nicht unter dem Schicksalsspruch einer Gottheit, er vollzieht nicht – in tragischer Ironie – das, was er zu vermeiden glaubt, was die Götter ihm aber vorherbestimmt haben.

„Die mythologischen Bezüge im *Homo faber* können denn auch höchstens in Form eines ironischen Als-ob als griechisch antike Motive verstanden werden. Sie führen zum Geist der Antike hin (...) und sie umreißen einen Hintergrund, der auf Verwandtes und Ähnliches hinweist. Aber ebenso machen sie die Unterschiede bewusst. Das Schicksal ist kein unabhängig vom Individuum blind waltendes Geschick, wie es die antike Schicksalsmystik kennt."[39]

---

39 Ferdinand von Ingen, *Max Frischs Homo faber zwischen Technik und Mythologie*, in: Müller-Salget (Hrsg.), *Homo faber*, S. 156.

3.7 Interpretationsansätze

Vergleich mit Ödipus

Die tragische Ironie besteht bei Ödipus darin, dass er gerade dadurch den **Schicksalsspruch der Götter** (Tötung des Vaters, inzestuöses Verhältnis zur eigenen Mutter) ausführt, weil er versucht, ihm auszuweichen (indem er seine vermeintlichen Eltern, deren angenommenes Kind er nur ist, was er aber nicht weiß, verlässt). Faber handelt in dem Glauben, keine Tochter zu haben. Seine Schuld beginnt da, wo er die Zeichen nicht sehen will, die er sehen könnte. Letztlich kommt es aber zur Katastrophe, weil er die in ihm angelegten Seiten unterdrückt und sich selbst auf den Techniker reduziert. Weil er blind gegen sich selbst ist, ist er es auch gegenüber der Konstellation, in die er gestellt ist. Auf eine strukturelle Verwandtschaft zwischen *Homo faber* und *König Ödipus* hat Reinhard Meurer hingewiesen. Sie

analytische Prozessführung

„liegt in der analytischen Prozessführung. Die Vergangenheit wird jeweils rückwirkend aufgerollt und zur Gegenwart in Beziehung gesetzt. Diese Struktur ermöglicht eine Fülle von Vorausdeutungen, die sich zur Katastrophe hin verdichten."[40]

---

40 Meurer, S. 25.

4. REZEPTIONSGESCHICHTE

ZUSAMMEN-FASSUNG

Würde man nach dem **bekanntesten Erzählwerk von Max Frisch** fragen, so würde an erster Stelle mit Sicherheit *Homo faber* genannt werden. Dieser Roman, im Untertitel „Ein Bericht" genannt, gehört nicht nur zum festen Repertoire schulischer Lektüre, sondern ist auch ein großer Verkaufserfolg, was daran deutlich wird, dass *Homo faber* mit weit über drei Millionen Exemplaren der am besten verkaufte Titel des Suhrkamp Verlages im deutschsprachigen Raum überhaupt ist. 1991 wurde der Roman von Volker Schlöndorff verfilmt.

Bestseller

In mehr als 20 Sprachen übersetzt

Max Frischs Roman wurde bereits unmittelbar nach seinem Erscheinen ein großer Verkaufserfolg. Schon rasch nach der Erstauflage im Oktober 1957 wurden aufgrund des anhaltenden Publikumsinteresses weitere Auflagen nötig; dieses Interesse hat bis heute nicht nachgelassen, zumal der Roman in den Schulen zum festen literarischen Kanon gehört, worauf übrigens auch die immer wieder neu herausgebrachten Erläuterungen zu diesem Werk Max Frischs hindeuten. Max Frisch, dessen Roman *Homo faber* in mehr als 20 Sprachen übersetzt worden ist, erlangte nicht zuletzt durch den „Bericht" des Protagonisten Walter Faber den Rang eines „modernen Klassikers". Dem Erfolg des Romans beim Publikum steht der Erfolg bei der Literaturkritik in nichts nach. Der **Ingenieur als Schlüsselfigur seiner Zeit** wurde als Romanprotagonist ebenso akzeptiert wie die behandelten Themenfelder Technik, modernes Leben, USA und Selbstfindung.

Von den zeitgenössischen Rezensionen war eine deutliche Mehrheit positiv. Zur Minderheit der Kritiker gehört z. B. Oscar Maurus Fontana, der die Repräsentativität der Faber-Figur anzweifelt:

> „Aber Faber, so wie ihn Frisch darstellt, ist gar nicht dieser außer Rand und Band gekommene Werkmensch, der sein inneres Zentrum verloren hat, sondern es ist der Leerlaufmensch. Mit Technik hat das alles, was da erzählt wird, nichts zu tun. (...) – das alles könnte auch einem Diplomaten oder Dirigenten oder Großeinkäufer geschehen, mit einem Ingenieur und gar einem Sinnbild des ‚homo faber' ist es gar nicht verbunden. Es ist der Leerlaufmensch, der immer in Bewegung ist, aber in Wirklichkeit nicht von der Stelle kommt, nur um sich selbst wirbelt, ohne Effekt, ohne Erlebnis."[41]

Mangelnde Repräsentativität?

Einige zeitgenössische Kritiker warfen Frisch die Sprache des Romans vor, wohl, weil sie die Sprache des „Berichts" nicht als Rollensprache erkannten und die Sprache der Erzählerfigur dem Autor Frisch als sprachliche Mängel ankreideten: „So läppisch schreibt Frisch wahrlich nur, weil er versucht, mehr zu sein, als er ist, mehr nämlich als ein routinierter Erzähler."[42] Walter Jens kritisierte 1958 in *DIE ZEIT* die Sprache, weil er wie auch andere Kritiker der Auffassung war, Sprache und Figur seien gar nicht in Einklang zu bringen: „Schon dass der Techniker Faber überhaupt *schreibt*, ist ein Widerspruch in sich (...)."[43]

Vorwurf sprachlicher Mängel

---

41 Fontana in: Die Presse, 26. 1. 1958, zitiert nach: Müller-Salget (Hrsg.), *Homo faber*, S. 135.
42 Karlheinz Deschner in: konkret, März 1961, zitiert nach: Müller-Salget (Hrsg.), *Homo faber*, S. 139.
43 Zitiert nach: Müller-Salget (Hrsg.), *Homo faber*, S. 136.

Verfilmung 1991

Die Popularität des Romans erhielt unzweifelhaft noch einmal einen Schub durch die Verfilmung mit Sam Shepard als Faber und Barbara Sukowa als Hanna. **Volker Schlöndorffs Film** kam 1991 in die Kinos. Max Frisch hat an der Verfilmung mitgewirkt und zahlreiche Gespräche mit Volker Schlöndorff geführt, so dass die Reduktion des Romans auf die Liebesgeschichte, die der Film vornimmt, als durchaus mit Frisch abgesprochen gesehen werden kann. In einem Interview im Nachrichtenmagazin *Der Spiegel* (Nr. 12/1991) betont Schlöndorff, dass Frisch von sich aus Veränderungen vorgeschlagen habe (so ist der Faber des Films kein todkranker Mann). Schlöndorff zitiert Max Frisch mit den Worten:

> „Der Faber lebt, wie wir alle leben, als ob das Leben eine Summe von Erlebnissen auf einem Vektor sei. Tatsächlich ist es aber eine Kurve mit einem Höhepunkt, den man irgendwann überschritten hat. Das Fürchterliche für Faber ist die Erkenntnis, daß er ein paar Sachen falsch gemacht hat, andere Sachen ihm zugestoßen sind, für die er nicht verantwortlich ist, die aber so unumkehrbar sind, daß eigentlich das Leben danach nicht mehr weitergehen kann." [44]

Für den Erfolg von Max Frischs Roman mag es – wie für den seines Gesamtwerkes – eine ganze Reihe von Gründen geben, so etwa die publikumswirksame Themenwahl, die Milieus, in denen sich die Handlung vollzieht, und die Welt- und Weitläufigkeit der Schauplätze.[45] Unterstützt worden ist der Erfolg zweifelsohne auch dadurch, dass Frisch in seinen Romanen „die Entwicklung

---

44 Zitiert nach: Bolliger u.a. (Hrsg.), S.124; vgl. zu diesem Abschnitt Walter Schmitz, *Kommentar zu Homo faber* im Text- und Kommentarband SBB 3, S.261ff.
45 Vgl. Stephan (KLG), S.2f.

der modernen Literatur mitreflektiert (...), ohne daraus extreme formale oder ideologische Konsequenzen zu ziehen."[46] Besonders in seinem Roman *Homo faber* trifft Frisch aber wohl insofern eine Problematik moderner menschlicher Existenz überhaupt, die jenseits des sich rasch wandelnden Zeitgeists liegt, als sich in der Geschichte und der Figur Walter Fabers Fortschrittsoptimismus und -skeptizismus ebenso gegenüberstehen wie männliches Selbstbewusstsein und verabsolutierte Rationalität auf der einen Seite und Unbewusstes und verdrängtes Weibliches auf der anderen Seite. Der Roman thematisiert somit Schlüsselproblematiken der Moderne seit dem 19. Jahrhundert und dem Siegeszug der Naturwissenschaften.[47]

> Problematik moderner menschlicher Existenz

---

[46] Stephan, *Frisch*, Autorenbücher Bd. 37, S. 64.
[47] Vgl. Lubich, S. 41.

5. MATERIALIEN

Das Weltbild Fabers

Sicht eines Ingenieurs

Walter Faber ist Ingenieur, er erfasst die Welt als quantifizierbare Größe, setzt der Technik die Mystik gegenüber und dem Schicksal den Zufall. Mit Fabers Weltbild beschäftigt sich Peter Pütz.

„Der *Homo faber* erzählt nicht von dem Riss zwischen Technik und Natur, Mathematik und Mythos, moderner und archaischer Welt, und er zeigt kein Individuum, das in oft beschriebener ‚Identitätsproblematik' seinen Standort zu suchen und zu wählen hätte zwischen den gotisch aufragenden Wolkenkratzern New Yorks und dem klassischen Halbrund der antiken Tragödie. Es geht (...) um das Schicksal eines Menschengeschlechts, das sich auf dem Wege wähnt, eben dieses Schicksal berechnen, machen und damit abschaffen zu können. (...) Was das Genus *Homo faber* erleidet, ist nicht die schmerzvolle Abtrennung vom Alten, auch nicht der insgeheim ersehnte Rückfall ins Atavistische, sondern die allmählich wachsende Einsicht, dass das Neue das Alte auf bedrückende Weise wiederholt (...). Ähnlich wie in Musils *Törleß* entsteht die fundamentale Irritation nicht durch den Antagonismus von Mathematik und Mystik, sondern durch die Auflösung der Grenzen zwischen beiden und durch den Übergang des einen in das andere. Nicht die Antinomie, sondern das Oszillieren der Gegensätze macht zweifeln und verzweifeln. (...) Erst am Ende, kurz vor der Operation, dämmert (Faber) die Ahnung von der dialektischen Durchdringung des vermeintlich Getrennten: ‚Ewigkeit im Augenblick. Ewig sein: gewesen sein.'"[48]

---

[48] Peter Pütz, *Das Übliche und das Plötzliche. Über Technik und Zufall in Homo faber*, zitiert nach: Jurgensen (Hrsg.), S. 23 f.

Frisch und Brecht

Frisch hat sich mit der Theatertheorie Brechts (episches Theater, Verfremdung) intensiv auseinandergesetzt. Auch wenn Frisch sich von Brecht abzusetzen versuchte, ist der Einfluss Brechts auf das dramatische Schaffen Frischs unübersehbar. Unter Rückgriff auf eine Überlegung Frischs im *Tagebuch*, dass es verlockend sei, den Verfremdungseffekt auch in der erzählenden, nicht nur in der dramatischen Literatur anzuwenden, schreibt Hans Geulen:

„Wir sind der Meinung, dass der Faber-Roman einen solchen Versuch der Anwendung der Verfremdung und Desillusionierung darstellt. Die Einfühlung des Lesers wird durch den Berichterstatter in mehr als einer Beziehung verhindert. Überall da, wo er gewohnt ist, sich hinreißen zu lassen, wird er enttäuscht oder herausgefordert; denn Faber berichtet ja unter Ausklammerung jener Vorgänge, die nicht beobachtbar sind. Der Roman wird zum Bericht verfremdet, das Gewohnte zum Ungewohnten, das Erwartete zum Unerwarteten. Andererseits aber verhilft dieser Bericht infolge der Aufhebung oder Umfunktionierung von Spannung dazu, das Geschehen rein, will sagen: unabhängig von einer subjektiven Verzerrung anzuschauen. Ein subjektiver, dem Erlebten emotional hingegebener Erzähler hätte dasjenige, worauf es ankommt, nur getrübt und verschleiert mitteilen können. Die offene Darstellung seines eigenen Leidens, seiner Schuld, seines Scheiterns hätte dem Leser genau jene Illusion verschafft, die den Blick für das hier Wesentliche verstellt: Der Fall eines ‚homo faber' unserer Zeit, dessen Schicksal uns nicht in die Mitleidenschaft ziehen, wohl aber aufklären soll."[49]

---

49 Geulen, zitiert nach: Schmitz (Hrsg.), *Homo faber*, S. 123.

Die Erzählstrategie des Romans

Überlagerung der Ich-Erzählsituation

Zur Erzählstrategie des Romans gehört die Überlagerung der Ich-Erzählsituation in den zwei „Stationen". Zur Bedeutung dieser Strategie schreibt Manfred Eisenbeis:

„Das erzählende Ich der ‚ersten Station' ist gleichzeitig erlebendes Ich des Reisetagebuchs der ‚zweiten Station': Faber erinnert sich im Krankenhaus zu Athen nicht nur an die Geschehnisse und Probleme, die ihm nach der Zeit des Schreibens der ‚ersten Station' in Caracas wichtig waren, an Kuba und die letzten Europareisen, sondern auch an die Ereignisse und Probleme, auf die er im Hotel in Caracas noch nicht eingegangen war: an die zweiten Reisen nach New York und zur Plantage. Wieder überblickt der sich erinnernde Icherzähler das Geschehen von einem Standpunkt nach den Ereignissen. Sein Wissen um seine Situation lässt ihn zu anderen Urteilen und Meinungen über das vergangene Geschehen und über seine früheren Verhaltensweisen kommen, als das noch in Caracas der Fall war, wo er zwar den Ausgang seiner Begegnung mit Sabeth kennt, jedoch noch nicht ganz die Fragwürdigkeit seiner Lebens- und Weltanschauung erkannt hat. (...) Der sich hier erinnernde Icherzähler Walter Faber kann so – zumindest teilweise – die Meinungen des sich in Caracas rückerinnernden Icherzählers Faber korrigieren. Allerdings tauchen neue Positionen nicht plötzlich auf, sondern deuten sich schon im Erzählerbericht der ‚ersten Station' an, ebenso wie Faber fast bis zum Schluss Züge des einseitig rational orientierten Technikers beibehält."[50]

---

50 Eisenbeis, S. 46 f.

Die Reisen Fabers

Walter Faber begegnet uns als ein Reisender; er bereist den amerikanischen Kontinent und Europa, bewegt sich in Metropolen und Wüstenlandschaften, in Dschungelgebieten und durchstreift historische Stätten. Über die Bedeutung des Reisens finden sich bei Rhonda L. Blair u. a. folgende Ausführungen:

Bedeutung des Reisens

„Die gesamte Handlung des *Homo faber* ergibt sich aus Reisen, und alle Hauptpersonen sind Reisende; und einen großen Teil ihrer Vergangenheit machen Reisen aus. Darüber hinaus bestehen ihre Reisen oder ‚Passagen' aus einer Reihe von Trennungen von alten Situationen, Übergängen, für die gewandelte Gewohnheiten oder gar Verwirrungen charakteristisch sind, und dem Hineinwachsen in neue Situationen oder Existenzmuster – die Reisen sind, kurz gesagt, ‚Übergangsrituale'. Diese Feststellung ist umso wichtiger, als im Konzept der ‚Übergangsrituale' die soziale, psychologische und emotionale Bedeutung des Wechsels von einem zum anderen Zustand betont wird, anstatt der bloß körperlichen Raumlage. Jedem Leser des *Homo faber* dürfte einleuchten, dass das Reisen im Raum einer ‚Bewusstseinsreise' nachgeordnet ist, und ich meine deshalb, dass man die ‚Stationen' als ‚Bewusstseinsstadien' begreifen sollte. (...) Natürlich ist es kein Zufall, wenn Walter Fabers Reise, die im Dschungel beginnt, ihn nach Osten zum Licht führt: Griechenland, das Land der Sonne und des Meeres, ist ebenso wegen seines Lichtes berühmt wie wegen seiner mythischen Vergangenheit."[51]

Übergangsrituale (franz. rites de passages) nannte der Anthropologe Arnold van Gennep (1873–1957) institutionalisierte Formen des Übergangs zwischen zwei Zuständen (z. B. Initiationsriten beim Übergang vom Jungen zum Mann).

---

51 Rhonda L. Blair, zitiert nach: Schmitz (Hrsg.), *Homo faber*, S. 146 f.

6. PRÜFUNGSAUFGABEN MIT MUSTERLÖSUNGEN

Unter www.königserläuterungen.de/download finden Sie im Internet zwei weitere Aufgaben mit Musterlösungen.

Die Zahl der Sternchen bezeichnet das Anforderungsniveau der jeweiligen Aufgabe.

Aufgabe 1 ***

> Analysieren Sie unter Bezug auf die Seiten 98 (Z. 13) bis 100 (Z. 26) das Selbstbild Walter Fabers!

Mögliche Lösung in knapper Fassung:

DIE PASSAGE IM KONTEXT DES ROMANS

Von New York kommend, steuert das Schiff, auf dem sich Faber befindet, England an. Faber hat auf der Reise Sabeth kennengelernt. Kurz vor der Passage ist es zu einem flüchtigen Körperkontakt zwischen Faber und Sabeth gekommen, als Faber während eines Rundgangs durch den Maschinenraum des Schiffs Sabeth von einer Leiter auf den Boden hebt („Ich wollte das Mädchen nicht anfassen.", S. 94). Die Passage spielt in der Nacht von Fabers Geburtstag, was er Sabeth aber nicht sagt. Nach der Passage folgt die vorläufige Trennung von Faber und Sabeth, als das Schiff Le Havre erreicht hat (wenige Zeit später werden sie sich in Paris wiederbegegnen). Kurz vor dem Verlassen des Schiffs macht Faber Sabeth einen Heiratsantrag, auf den Sabeth mit Tränen reagiert (Faber küsst sie mehrfach, S. 103 ff.). Sie trennen sich schließlich schweigend („... zu sagen gab es nichts, es war unmöglich.", S. 103).

| 4 REZEPTIONS-GESCHICHTE | 5 MATERIALIEN | 6 PRÜFUNGS-AUFGABEN |

DER INHALT DER TEXTPASSAGE

Faber und Sabeth begeben sich nach Mitternacht zu einem Buffet, während gleichzeitig ein Ball stattfindet. Ausgangspunkt für die Äußerungen Fabers in der Textpassage ist Sabeths Vermutung, Faber sei traurig, weil er allein sei. Dies veranlasst Faber, seine Gedanken zur Rolle von Frau und Mann, zur Ehe, zum Alleinsein und zur Arbeit zu äußern, was aber – überwiegend – nicht dialogisch im Gespräch mit Sabeth geschieht (die zwischenzeitlich zum Tanzen geholt wird). Im ersten größeren Abschnitt der Passage werden zwei Reaktionen Sabeths geschildert, einmal ein Lachen (S. 98) und dann ihre Äußerung, Faber sei zynisch (S. 99). Zunächst legt Faber die Bedeutung der Arbeit für sein Selbstverständnis fest: „Ich lebe, wie jeder wirkliche Mann, in meiner Arbeit." (S. 98 f.) Anschließend betont er die Bedeutung des Alleinseins („allein zu wohnen, meines Erachtens der einzig mögliche Zustand für Männer", S. 98). Diese Position erläutert er dann an Beispielen des täglichen Zusammenlebens, vor allem des Aufwachens am Morgen, und der unterschiedlichen Verhaltens-, Denk- und Kommunikationsweisen von Männern und Frauen. Nach der Feststellung „Ich bin nicht zynisch. Ich bin nur, was Frauen nicht vertragen, durchaus sachlich" (S. 99) geht er ausführlich auf das Alleinsein ein, erläutert die Unmöglichkeit einer dauerhaften Bindung, beschreibt das Umgehen mit dem Alleinsein, um schließlich zur Konsequenz zu gelangen, dass das Alleinsein zur Folge hat, dass man sich nicht „selbst Gutnacht sagen" könne. Danach folgt die Frage: „Ist das ein Grund zum Heiraten?" (S. 100)

FABERS SELBSTBILD

Gleich zu Beginn der Passage wird das **eingeschränkte Selbstbild** Fabers deutlich, wenn er sich letztlich auf seine Arbeit reduziert und seine Existenz über diese definiert, wobei er gleichzeitig seine Auffassung verallgemeinert: „Ich lebe, *wie jeder wirkliche Mann*, in meiner Arbeit." (S. 98, Hervorhebung nicht im Original) Einerseits reduziert er somit seine gesamte Existenz

HOMO FABER 109

auf ein Rollensegment (die Arbeit), andererseits baut er dadurch zugleich einen generalisierten Gegensatz zwischen *wirklichen Männern* und Frauen auf. Frauen ordnet er andere Segmente und Verhaltensweisen zu: Kommunikation, Gefühle und „Gespräche über Liebe und Ehe" (S. 99). Diese Zuordnung wird wiederum verallgemeinert („… das erträgt kein Mann", S. 99).

Dabei verabsolutiert Faber das Alleinsein und setzt es der menschlichen Kommunikation überhaupt gegenüber: „Zu den glücklichsten Minuten, die ich kenne, gehört die Minute, wenn ich eine Gesellschaft verlassen habe, wenn ich in meinem Wagen sitze, die Türe zuschlage und das Schlüsselchen stecke, Radio andrehe, meine Zigarette anzünde mit dem Glüher, dann schalte, Fuß auf Gas; *Menschen sind eine Anstrengung für mich, auch Männer.*" (S. 99 f., Hervorhebung nicht im Original).

Zwar gesteht Faber zu, dass das Alleinsein ihn auch gelegentlich anrührt, sieht dies aber – einen technischen Begriff benutzend, nämlich den der Materialermüdung – als Ausnahme an: „Manchmal wird man weich, aber man fängt sich wieder. Ermüdungserscheinungen! Wie beim Stahl, Gefühle, so habe ich festgestellt, sind Ermüdungserscheinungen, nichts weiter (…)." (S. 100)

Fabers Selbstbild lässt sich aus seinem Werdegang und seiner beruflichen Existenz ableiten. Als Ingenieur lebt er in der Welt der Bauten und Maschinen, der Mathematik, des Berechnens, der Statistik, des Messens, des Objektivierens und des Planens („gewohnt, voraus zu denken, … zu planen.", S. 98). Für jedes Problem gibt es in seiner Welt eine technische Lösung, alles ist berechenbar. Weil die Welt des zwischenmenschlichen Zusammenlebens und der Gefühle (und besonders der Liebe) aber nicht berechenbar ist, reagiert er darauf mit **Abwehr**. Dieser Abwehrmechanismus dient der inneren Stabilisierung Fabers, dessen Identität sich als Rollenidentität (als Mann, als Ingenieur) erweist,

ROLLEN-
IDENTITÄT

nicht aber als **individuelle Identität**. Sie ist somit auch **Teil einer Selbstentfremdung,** da sie wesentliche Elemente der menschlichen Existenz (Gefühle, Sinnlichkeit) unterdrückt.

Dies erklärt u. a. warum Faber betont, er habe Sabeth während des Rundgangs im Maschinenraum (!) des Schiffs nicht anfassen wollen (s. o.) und sie zugleich mit einem technischen Gerät, nämlich einem Auto vergleicht (siehe S. 94).

Seine **Idealisierung des Alleinseins** kann ebenfalls als **Abwehrmechanismus gegen Bindungen** gesehen werden und lässt sich aus seinem Beruf ableiten: Er reist durch die Welt, lebt in Hotels, ist mit ständig wechselnden beruflichen Partnern an den unterschiedlichsten Schauplätzen konfrontiert.

Diese **Bindungslosigkeit** sieht er aber durch Frauen bedroht, er fühlt sich von Frauen bedrängt (wie er das Verhalten von Männern generalisiert, so tut er das auch bei Frauen): „Ich mußte an Ivy denken; Ivy heißt Efeu, und so heißen für mich eigentlich alle Frauen." (S. 99) Der Efeu steht hier für das Pflanzenhaft-Wuchernde, das Natürliche, das nach allen Seiten Rankende, das dem Exakten, Mathematischen kontrastiv gegenüber steht.

Dieses Selbstbild Fabers, das zugleich mit seinem Bild von Frauen verbunden ist, findet in der Textpassage mehrfach auch in seiner Sprache Ausdruck, so etwa, wenn er dem gemeinsamen Aufwachen am Morgen gegenüber setzt: „Gefühle am Morgen, das erträgt kein Mann. Dann lieber Geschirr waschen!" (S. 98) Oder wenn er im Zusammenhang mit einem (ehelichen) Doppelbett formuliert: „das ist für mich so, daß ich an Fremdenlegion denke" (S. 99). Oder eben am Schluss der Passage: „Man kann sich nicht selbst Gutnacht sagen – Ist das ein Grund zum Heiraten?" (S. 100)

Max Frisch hat seinen Walter Faber einmal als einen „verhinderten Menschen" bezeichnet, der „von sich selbst ein Bildnis gemacht hat" und der deshalb ein „versäumtes Leben" lebt.[52] Diese Einschätzung des Autors kommt in der Textpassage zum Tragen. Und Walter Faber selbst wird sich gegen Ende seines Lebens, zumindest in Ansätzen, dieses versäumten Lebens bewusst (so etwa in der Kuba-Episode und in den letzten Tagen mit Hanna). Aber eine wirkliche Änderung geht mit diesem Bewusstsein nicht mehr einher, kann nicht mehr einhergehen, weil sein Tod eine solche Veränderung verunmöglicht.

Aufgabe 2 ***

> Vergleichen Sie Fabers Einstellungen und Denkweise anhand seiner Bemerkungen zum Schwangerschaftsabbruch (S. 113–116) und in der Kuba-Episode (S. 186 ff.)!

Mögliche Lösung in knapper Fassung:

DIE PASSAGEN IM KONTEXT

Der erste Textauszug ist Teil der „Ersten Station" und eingebettet in die Passagen, die Fabers und Sabeths Wiederbegegnung in Paris und ihre gemeinsame Reise (Italien, Griechenland) schildern. Die Textpassage knüpft an die „Vorgeschichte" an, also an die Beziehung zwischen Faber und Hanna in den 1930er Jahren, die damit endet, dass sich die beiden trennen und Faber einen Job in Bagdad annimmt. Faber verlässt damals Hanna in der Annahme, die schwangere Hanna lasse das gemeinsame Kind durch Fabers Freund Joachim abtreiben.

Der zweite Textauszug ist in der „Zweiten Station" angesiedelt. Der schon von der Krankheit gezeichnete Faber blickt auf seinen Aufenthalt in Kuba (9.–13. 7.) zurück. Der Textauszug schließt an

---

52 Max Frisch, zitiert nach: Müller-Salget (Hrsg.), *Homo faber*, S. 131.

eine (handschriftliche, im Roman *kursiv gesetzte*) Passage an, in der Faber sich, im Krankenhaus liegend, im Spiegel betrachtet. Nach der Passage folgen eine (ebenfalls handschriftliche) Anmerkung zu einem Besuch Hannas im Krankenhaus und, verknüpft damit, ein Rückblick in Hannas Jugendjahre.

Nach der einleitenden Feststellung, Schwangerschaftsabbruch sei mittlerweile eine „Selbstverständlichkeit" (S. 114), und der (rhetorischen) Frage „Wo kämen wir hin ohne Schwangerschaftsunterbrechungen?" (S. 114) führt Faber seine Argumente für den Schwangerschaftsabbruch auf (Überbevölkerung, Rohstoffmangel, begrenzter Lebensraum, Automatisierung und damit geringerer Bedarf an Arbeitskräften, technischer und gesellschaftlicher Fortschritt, Beherrschung der Natur durch den Menschen). Durchsetzt ist die Passage mit verschiedenen statistischen Angaben, Hinweisen auf Erfindungen und Fortschritte in der Medizin sowie der These, die meisten Kinder seien nicht gewollt. Faber wendet sich gegen die „Moralisten" (S. 115), bezeichnet diejenigen, die Schwangerschaftsunterbrechungen ablehnen, als „romantisch" und als Menschen, die die Natur als „Götze" (S. 116) ansehen. Seine Ausführungen enden in der Behauptung, wer Schwangerschaftsabbrüche ablehne, müsse konsequent „jeden Eingriff" (S. 116) ablehnen und dürfe keine Brücke benutzen, die „nicht die Natur gebaut" habe. Er fasst seine Auffassungen in die Schlussbemerkung: „– dann los in den Dschungel!" (S. 116)

ZUM INHALT DER PASSAGEN

Die zweite Passage thematisiert Fabers viertägigen Aufenthalt in Kuba. Er erzählt von Begegnungen mit Menschen und Gesprächen (dialogische Passagen), schildert seine Eindrücke von Natur und Landschaft, vergleicht die Lebensweise der Menschen mit dem „American Way of Life" (den er nun deutlich negativ bewertet), spricht über seine Gefühle und Empfindungen, seine Tochter Sabeth und Hanna und reflektiert sein bisheriges Leben. Er fasst eine andere Lebensweise ins Auge („Mein Entschluß, anders zu leben –", S. 188) und lässt sich von den Dingen treiben, was er in die Worte fasst: „Vier Tage nichts als Schauen –" (S. 187).

VERGLEICH DER TEXTPASSAGEN

Auf den ersten Blick mag es verwunderlich erscheinen, dass Faber überhaupt eine so ausführliche Passage über das Thema Schwangerschaftsabbruch einfügt, die nahezu den Charakter eines Vortrags über dieses Thema hat. Sieht man die Passage aber im Kontext der Vorgeschichte (Beziehung zu Hanna) und der Begegnung mit Sabeth, so wird deutlich, dass dieser „Vortrag" auch Teil einer Strategie ist, mit der Faber versucht, seine Schuld zu relativieren. Ohne es direkt zu formulieren, lässt sich aus seinen Ausführungen auch der Vorwurf an Hanna ablesen, die damalige Vereinbarung (Abtreibung) nicht eingehalten zu haben und somit für den Inzest Fabers mit der eigenen Tochter zumindest mitverantwortlich zu sein. Deshalb ist an dieser Passage nicht nur wichtig, was Faber dort sagt, sondern auch, was er nicht sagt: Er vermeidet es durch seine allgemeinen Ausführungen über den Schwangerschaftsabbruch nämlich, sein individuelles Verhalten, seine Schuld zu thematisieren.

Die Passage ist bestimmt von Fabers Denkmustern: Er schiebt eine Kette rationaler Argumente aneinander (Entwicklung der Weltbevölkerung, medizinischer Fortschritt etc.), die zwingend die Sinnhaftigkeit der Abtreibung belegen sollen. Mögliche Gegenargumente wischt er polemisch weg, indem er Gegner der Abtreibung als unverantwortliche Romantiker denunziert (vgl. S. 116). Wenn er formuliert: „Es sind immer die Moralisten, die das meiste Unheil anrichten" (S. 115), so wird daran deutlich, dass die Flucht ins Allgemeine (Schwangerschaftsabbruch als allgemeines Problem) dazu dient, um von sich selbst abzulenken. Denn genau er, der Rationale, der Techniker, der alles berechnet und plant, hat ja in schuldhafter Verstrickung Unglück über andere Menschen (letztlich auch sich selbst) gebracht.

Fabers Exkulpierungsstrategien dienen die eingefügten statistischen Angaben, die Verweise auf „Experten", die Hinweise auf den technischen Fortschritt, die Erfolge der Medizin, denen er, sich zu chauvinistischer Polemik steigernd, das (vermeintliche) Verhalten von Frauen gegenüberstellt, gipfelnd in der Behauptung, Frauen setzten „Mutterschaft" als „wirtschaftliches Kampfmittel" gegen den Mann ein, das ihnen ein „Gefühl der Macht gegenüber dem Mann" gebe (S. 115). Ausgeblendet bleiben im gesamten „Vortrag" dagegen die Perspektive der Frau, die Gefühlswelt, das Ernstnehmen der Entscheidungsproblematik, all das, was nicht planbar (und somit berechenbar) ist („nur der Dschungel gebärt und verwest, wie die Natur will. Der Mensch plant.", S. 115).

Die Sprache des Abschnitts ist die Sprache des Ingenieurs Faber: verkürzte Sätze (oft elliptisch), Reihungen, Aufzählungen („Kampf gegen Kindbettfieber. Kaiserschnitt. Brutkasten für Frühgeburten", S. 114), eine Neigung zu Sentenzen, programmatisch-thesenhaftes Formulieren, Neigung zur Kontrastbildung und Antithetik (der Mensch-die Natur, der Mann-die Frau, die Zivilisation-der Dschungel).

Schon vom Aufbau her unterscheidet sich die zweite Textpassage von der ersten deutlich. In lockerer Fügung sind hier einzelne Beobachtungen, Reflexionen, Gespräche, Assoziationen, Naturbilder und Beschreibungen von Menschen aufgeführt. Vor allem aber, und hier ganz anders als in der ersten Textpassage, spricht Faber von sich selbst: Eindrücke (von Menschen und der Natur) setzt er immer wieder in Beziehung zu sich selbst und zu seinem bisherigen Leben. Er lässt Gefühle zu – sowohl solche positiver, nahezu euphorischer Art („Meine Lust, jetzt und hier zu sein –", S. 190), aber auch negativer Art („Mein Hirngespinst: Magenkrebs", S. 194). Mit einer jungen Kubanerin spricht er über Sabeth und ihren Tod (dabei das Possessivpronomen benutzend: „meine Tochter") und Hanna bezeichnet er als seine Frau (vgl. S. 195).

Faber versucht, sich selbst auf die Spur zu kommen. Er mietet ein Boot, um allein zu sein. Dieses Alleinsein führt ihn zu einer bis dahin unbekannten Erfahrung: „Ich wußte nicht, was anfangen mit diesem Tag, mit mir, ein komischer Tag, ich kannte mich selbst nicht (...)" (S. 193). Ihm wird klar, dass er bisher ohne wirkliche Identität gelebt hat, immer verschanzt hinter seiner Rolle als Macher, als Planer und Berechner der Dinge und der Menschen. Dies dämmert ihm auch dann, als sein Körper in sexueller Hinsicht versagt (siehe S. 194).

Der Faber dieser Passage ist ein Faber auf der Suche nach sich selbst, ein Faber auf dem Weg zur Veränderung. Immer wieder widmet er sich Naturbetrachtungen (Natur, die er früher als Bedrohung empfunden hat). Er lässt sich auf Menschen ein, nimmt seine Umwelt bewusst wahr (er filmt nicht mehr, betrachtet also die Welt nicht mehr durch ein technisches Gerät; siehe S. 198). Dies drückt sich auch in der Sprache aus: Sein verkürztes, zumeist parataktisches Sprechen löst sich auf und wird durch hypotaktische Gefüge ergänzt. Die Sprache wird anschaulicher, bildhafter, verliert ihren unterkühlt-sachlichen Grundton. Metaphorischer Sprachgebrauch bricht in die zweckgebundene Sprache des Ingenieurs ein. Die Sprache wird verwendet, um Gefühle auszudrücken („Meine Freude", „Meine Begierde", „Ich liebe ihn", „Mein Zorn auf mich selbst", „Ich weine", „Ich hatte keinen besonderen Anlaß, glücklich zu sein. Ich war es aber."), zulaufend auf den Satz: „Ich preise das Leben!" (S. 197)

Betrachtet man die beiden Textauszüge im Vergleich, so wird deutlich, dass Faber auf dem Weg ist, das Bildnis von sich selbst aufzubrechen, die Seiten, die er bisher unterdrückt hat, zuzulassen. Ist er in der Passage über den Schwangerschaftsabbruch noch ganz in seinem reduzierten Rollenbild verfangen, so löst sich dieses nun auf. Dass er dabei Gefahr läuft, das alte Rollenbild nun um ein anderes zu ergänzen, indem er nahezu ins andere Extrem verfällt und dabei ein nahezu klischeehaftes Bildnis Kubas und seiner Menschen zeichnet, mag kritisch angemerkt werden können. Entscheidend aber ist wohl, dass Faber sich nun an seinen „inneren Kern" heranzutasten scheint, dass jahrelang unterdrückte Seiten (die Welt der Gefühle) sich Bahn brechen, dass er auf dem Weg zu sich selbst ist. Dass dieser Weg nicht zu Ende gegangen werden kann, denn seine Erkenntnisse sind die Erkenntnisse eines Sterbenden, mag man als tragische Ironie bezeichnen.

Aufgabe 3 *

Erarbeite anhand geeigneter Textstellen die Gründe für das Nicht-Zustandekommen einer Ehe zwischen Walter Faber und Hanna Landsberg!

Mögliche Lösung in knapper Fassung:
Die Beziehung zu Hanna verbindet die Erzählervergangenheit (Vorgeschichte) mit der Erzählergegenwart, wobei das Wiedersehen zwischen Faber und Hanna Landsberg in der Erzählergegenwart der geplanten Reise Sabeths zu ihrer Mutter geschuldet ist und unter dem Zeichen ihres Todes stattfindet.

ERLÄUTERUNG

Nach der Trennung zwischen Walter Faber und Hanna (1936) hat es keinen Kontakt mehr zwischen den beiden gegeben. So hat Hanna Walter Faber auch nicht wissen lassen, dass sie das gemeinsame Kind – entgegen ihrer Verabredung – doch bekommen hat. Noch bei ihrem Wiedersehen behauptet Hanna zunächst, dass Sabeth das Kind von Joachim sei (siehe S. 159).

Walter Faber und Hanna Landsberg lernen sich in den 1930er Jahren in Zürich kennen, wo Faber als Assistent an der Eidgenössischen Technischen Hochschule tätig ist. Während Faber an seiner Dissertation arbeitet und Hanna Kunstgeschichte studiert, kommt es zu einer Beziehung zwischen den beiden. Just in der Zeit, als Faber ein Angebot der Firma Escher-Wyss für eine Stelle in Bagdad erhält, erfährt er von Hanna, dass sie von ihm schwanger ist. Die von Faber vorgeschlagene Heirat schlägt Hanna letztlich aus; es kommt zur Trennung.

INTERPRETATION, TEXTIMMANENT

Auf die Vorgeschichte und die Darstellung seiner Perspektive geht Faber wesentlich in zwei Textpassagen ein (siehe S. 35 und 48–52). In der ersten Textpassage behauptet Faber: „Hanna hat mir auch nie einen Vorwurf gemacht, daß es damals nicht zur Heirat kam. Ich war bereit dazu. Im Grunde war es Hanna selbst, die damals nicht heiraten wollte." (S. 35) Unmittelbar vor dieser Behauptung formuliert er aber: „eine Heirat kam damals nicht in Frage, wirtschaftlich betrachtet, abgesehen von allem anderen." (ebd.)

In der zweiten (weitaus ausführlicheren) Textpassage betont Faber erneut, dass er (angesichts der Zeitumstände/Nazi-Diktatur in Deutschland) bereit war, Hanna zu heiraten, sich geradezu „verpflichtet" fühlte, sie zu heiraten, dass es aber Hanna war, die nicht heiraten wollte (siehe S. 49). Als Hanna ihn mit ihrer Schwangerschaft konfrontiert, es zur Überlegung kommt, das Kind abtreiben zu lassen, spricht Faber von seinen neuen Verdienstmöglichkeiten (Stelle in Bagdad) und sagt: „Wenn du dein Kind haben willst, dann müssen wir natürlich heiraten." (S. 51 f.)

Fabers Position ist aus seiner Grundhaltung den Menschen und dem Leben gegenüber und aus seiner Sicht auf Hanna (sein Bild von ihr) zu erklären. Er sieht in Hanna eine „Schwärmerin und

Kunstfee" mit einem „Hang zum Kommunistischen (...) und (...) Mystischen, um nicht zu sagen: Hysterischen", sie sieht in ihm bereits damals den „Homo Faber" (den Menschen als Handwerker, den Menschen des technischen Zeitalters; S. 50).

In seinen Überlegungen spielen zweckrationale Gründe (Finanzen, Zeitumstände) eine Rolle, in keiner Äußerung kommt die Liebe als möglicher Grund für eine Ehe überhaupt in seinen Horizont. Die pragmatische, zweckrationale Haltung leitet Faber aus seinem Selbstverständnis ab: „Ich bin nun einmal der Typ, der mit beiden Beinen auf der Erde steht." (S. 50)

Hanna macht ihm den Vorwurf, dass er im Zusammenhang mit dem Heiraten von „Müssen" gesprochen habe (S. 52). Entscheidender, wenn auch zunächst von Hanna nicht ausgesprochen (von Faber in dieser Passage jedenfalls nicht erwähnt), ist aber wohl der Umstand, dass Faber im Zusammenhang mit Hannas Schwangerschaft das Kind nicht als gemeinsames Kind ansieht („Wenn *du dein Kind* haben willst, dann müssen wir ...", Hervorhebung nicht im Original). Dies wird jedenfalls aus den Äußerungen Hannas klar, als sie und Faber sich wiedersehen: *„Warum ich das gesagt habe? Fragt sie jetzt immerzu. Damals: Dein Kind, statt unser Kind. Ob als Vorwurf oder nur aus Feigheit?"* (S. 220, Kursivsetzung im Original)

Hanna hat offensichtlich die Formulierungen Fabers (dein Kind/ heiraten müssen) als das verstanden, was sie letztlich auch waren: ein Ausdruck der inneren Distanzierung Fabers von ihr und dem gemeinsamen Kind und der fehlenden Bereitschaft oder Fähigkeit Fabers, sich einem Menschen ganz zu öffnen oder sich ihm zuzuwenden.

Dies ist letztlich auch die Ursache dafür, dass Hanna am Tag der (dann ja doch geplanten) Hochzeit (der Standesbeamte steht bereit, die Gäste sind eingetroffen) das Standesamt verlässt und unter Tränen die Ehe verweigert, verbunden mit dem Vorwurf, Faber wolle sie lediglich heiraten, um zu beweisen, dass er kein „Antisemit" sei (S. 61).

Ob dieser Vorwurf zutreffend ist (war), reflektiert Faber nicht. Er bittet Hanna, „die Sache ganz sachlich zu nehmen." (S. 61) Damit stuft er Hanna auf das zurück, mit dem er als Ingenieur beruflich zu tun hat: auf ein „sachliches" Problem, für das es „sachliche" Lösungen gibt. Er „verdinglicht" die Beziehung und damit Hanna und letztlich sich selbst. Zu einer Sache will sich Hanna und ihr Kind aber ganz offensichtlich nicht herabstufen lassen. Deshalb entscheidet sie sich (in letzter Sekunde) gegen die Heirat, gegen Faber, aber für ihr Kind, das sie dann, ganz der Wortwahl Fabers entsprechend, zu „ihrem" Kind macht, indem sie Faber das Wissen um die Existenz der Tochter vorenthält. Damit trägt aber auch sie einen (wenn auch kleineren) Teil der Verantwortung für die Katastrophe.

Aufgabe 4 *

> Verdeutliche anhand der „Dschungel-Episode" Fabers Abneigung gegen die Natur!

Mögliche Lösung in knapper Fassung:

ERLÄUTERUNG

Die Dschungel-Episode ist Teil der „Ersten Station". Faber hat beim Aufenthalt in der Wüste (Flugzeugschaden) Herbert Hencke (einen Mitreisenden) kennen gelernt, den Bruder seines Jugendfreundes Joachim. Von ihm hat er erfahren, dass Joachim mit Hanna verheiratet war, die Ehe aber längst wieder geschieden ist. Herbert Hencke ist auf dem Weg zu seinem Bruder, der in Guatemala eine Plantage leitet. Faber entschließt sich, seine Dienstreise nach

Caracas zu unterbrechen, um gemeinsam mit Herbert Joachim zu besuchen. Während der Reise erfährt Faber von Herbert, dass Hanna eine Tochter geboren hat.

Auf dem (mühsamen) Weg zur Plantage begleitet sie der Musiker Marcel. Ihr Weg führt sie durch einen unwegsamen Dschungel. Mehrmals will Faber die Reise beenden und umkehren. Schließlich gelangen sie aber doch zur Plantage, wo sie Joachim tot vorfinden (er hat sich erhängt).

Die Wegstrecke zwischen Palenque, dem Abfahrtsort, von dem aus die drei Männer mit einem Landrover aufbrechen, und ihrem Ziel, der Plantage, beträgt nur 70 Meilen Luftlinie, doch schon bald gibt es keine befestigte Straße mehr, sondern nur noch „Moos und Farnkraut" (S. 52), so dass die Reisenden nur sehr langsam vorankommen. Am dritten Tag will Faber aufgeben und umkehren (siehe S. 54). Er beschreibt die Natur und seine Stimmung so: „Was mir auf die Nerven ging: die Molche in jedem Tümpel, in jeder Eintagspfütze ein Gewimmel von Molchen – überhaupt diese Fortpflanzerei, es stinkt nach Fruchtbarkeit, nach blühender Verwesung. / Wo man hinspuckt, keimt es!" (S. 54 f.)

INTERPRETATION

Der erste Umstand, der Irritationen bei Faber auslöst, ist der Gegensatz zwischen der befestigten Straße und dem unwegsamen (natürlichen) Gelände. Mit dem Verlassen der Straße verlässt Faber zugleich den Raum der vermessenen, überplanten und gebändigten Landschaft (Natur) und gerät in den Bezirk des unkontrolliert Wachsenden und sich Vermehrenden, was Unbehagen in ihm auslöst. Dies wird deutlich, wenn er die Molche mit Sperma(tozoen) gleichsetzt, mit Fruchtbarkeit assoziiert und Fruchtbarkeit das Verb „stinken" zuordnet. Das Werden und Vergehen („blühende Verwesung", ein Oxymoron, also eine Verbindung von zwei Vorstellungen, die sich eigentlich ausschließen, hier also ein Gegensatzpaar bilden) löst in ihm aufgrund seiner Unkontrollierbarkeit

Widerwillen aus. Die Verbindung zur menschlichen Fruchtbarkeit ergibt sich über den Speichel als Körpersaft, der wohl auch hier mit Sperma gleichgesetzt wird, wenn Faber hyperbolisch formuliert: „Wo man hinspuckt, keimt es!"

Der Zusammenhang zwischen der Dschungelnatur und der (menschlichen) Fruchtbarkeit wird in einer zweiten Passage noch deutlicher: „Erde ist Schlamm nach einem einzigen Gewitter (...), Verwesung voller Keime, glitschig wie Vaseline, Tümpel im Morgenrot wie Tümpel von schmutzigem Blut, Monatsblut, Tümpel voller Molche, nichts als schwarze Köpfe mit zuckenden Schwänzchen wie ein Gewimmel von Spermatozoen, genau so – grauenhaft." (S. 74) In drei Vergleichen stellt Faber hier eine Beziehung zwischen dem Dschungel (als Symbolraum für unkontrollierbare Fruchtbarkeit) und der menschlichen Sexualität her: Die schlammig-glitschige Erde vergleicht er mit Vaseline, eine Art Hautsalbe, die aber auch als Gleitmittel bei sexuellen Praktiken eingesetzt wird; die Tümpel setzt Faber in Beziehung zur Menstruation, und die Molche (wie im obigen Beispiel bereits, hier nur deutlich ausgesprochen) vergleicht er mit dem männlichen Sperma. All das findet er „grauenvoll". Dieses Grauen wird zum Ekel, wenn er formuliert: „der Morgen war heiß und dampfig, die Sonne schleimig wie je. die Blätter glänzten, und wir waren naß von Schweiß und Regen und Öl, schmierig wie Neugeborene." (S. 74)

Hebt die oben zitierte Passage also auf die menschliche Sexualität (Vaseline) und Fruchtbarkeit ab (Spermien/Menstruation), so rückt nun die Zeugungsfähigkeit des Menschen in den Vordergrund, wenn Faber sich mit einem „schmierigen" Neugeborenen negativ vergleicht.

Machen die untersuchten Passagen also zunächst seine allgemeine Abneigung gegen alles Natürliche deutlich (pflanzenhaftwuchernd, nicht planbar, nicht vermessen oder kartografiert), so liegt die tiefere Bedeutungsebene in der Ablehnung des Körperlichen, der menschlichen Beziehungen, der Sexualität und Fruchtbarkeit, die in seinem Alltag übrigens ihren Ausdruck in seinem Wasch- und Rasierzwang findet. Somit zeigt die Dschungelepisode auch Fabers Entfremdung von sich selbst, insofern als er bestimmte Seiten seines Menschseins ablehnt bzw. zu unterdrücken sucht. Daneben konfrontiert ihn der Dschungel auch immer wieder mit der Vergänglichkeit (etwa durch die Zopiloten, den Rabengeiern) und weist auf seinen Tod voraus.

LITERATUR

Zitierte Ausgabe:
Frisch, Max: *Homo faber. Ein Bericht. Text und Kommentar.*
Mit einem Kommentar von Walter Schmitz. Frankfurt am
Main: Suhrkamp, 1998 (Suhrkamp BasisBibliothek, Band 3).
→ Diese Ausgabe bietet neben den am Rand des laufenden
Textes angebrachten Hilfen (Übersetzungen, Worterklärungen
etc.) und einer Zeilenzählung am Innenrand der Seiten zusätzliche Wort- und Sacherläuterungen im Anhang an. Hinzu
kommt der Abdruck eines Kommentars, der das Verständnis
dieses Romans erleichtert bzw. erweitert.

Materialienbände:
Jurgensen, Manfred (Hrsg.): *Materialien Max Frisch, Homo faber.*
Editionen für den Literaturunterricht. Stuttgart: Klett Verlag,
2002.
Müller-Salget, Klaus (Hrsg.): *Erläuterungen und Dokumente. Max Frisch, Homo faber.* Stuttgart: Reclam, 1987 (RUB 8179).

Lernhilfen und Kommentare für Schüler:
Eisenbeis, Manfred: *Lektürehilfen Max Frisch, Homo faber.* Klett
Lerntraining. Stuttgart: Klett Verlag, 2001. → Eine gründliche
Einführung in den Roman, die auf alle wesentlichen Aspekte
eingeht.
Hain, Hildegard: *Max Frisch – Homo faber.* München: Mentor
Verlag, 2000 (Lektüre Durchblick Band 304). → Eine dem Profil
der Reihe entsprechende Erläuterung, die erste Grundlageninformationen bietet; enthält auch Aufgaben mit Lösungstipps.

Heidenreich, Sybille: *Max Frisch – Homo faber. Untersuchungen zum Roman.* Hollfeld: Beyer Verlag, 1994 (Analysen und Reflexionen Band 17). → Der Band verschafft einen Überblick über den Gang der Handlung, einige Problem- und Themenkreise und bietet Hinweise zur Figurencharakterisierung.

Kästler, Reinhard: *Erläuterungen zu Max Frisch, Homo faber.* Bange Verlag, Hollfeld 1999 (Königs Erläuterungen Band 148).
→ Vorläuferband dieser Erläuterungen.

Sekundärliteratur:

Beckermann, Thomas (Hrsg.): *Über Max Frisch.* Frankfurt am Main: Suhrkamp, 1974 (edition suhrkamp Bd. 404).

Bolliger, Luis; Oberschlager, Walter; Schütt, Julian (Hrsg.): *Jetzt: Max Frisch. Suhrkamp/ SF DRS.* Frankfurt am Main: Suhrkamp, 2001 (suhrkamp taschenbuch 3234).

Geißler, Rolf: *Max Frisch – Homo faber.* In: Ders.: *Möglichkeiten des modernen deutschen Romans.* Frankfurt am Main: Diesterweg Verlag, 1976.

Hage, Volker: *Max Frisch.* Reinbek bei Hamburg: Rowohlt Verlag, 1999 (Rowohlt Monographie 50616).

Knapp, Gerhard; Knapp, Mona: *Max Frisch: „Andorra".* Frankfurt am Main: Diesterweg, 7. Aufl. 1998.

Lubich, Frederik A.: *Max Frisch: Stiller, Homo faber und Mein Name sei Gantenbein.* München: Fink Verlag, 1990 (UTB Bd. 1564).

Meurer, Reinhard: *Max Frisch – Homo faber.* München: Oldenbourg Verlag, 1988 (Oldenbourg Interpretationen Bd. 13). → Eine gründliche Einführung in den Roman; enthält Vorschläge für eine Unterrichtsreihe.

Müller-Salget, Klaus: *Max Frisch. Literaturwissen für Schule und Studium.* Stuttgart: Reclam Verlag, 1996 (RUB 15210).

LITERATUR

Peren-Eckert, Almut; Greese, Bettina: *Unterrichtsmodell Max Frisch, Homo faber.* Paderborn: Schöningh Verlag, 2001 (Reihe EINFACH DEUTSCH). → Der Band enthält Vorschläge und Arbeitsblätter für den Unterricht, Zusatzmaterial und einen kommentierten Sequenzplan des Films.
Stäuble, Eduard: *Max Frisch. Gedankliche Grundzüge in seinen Werken.* Basel: Reinhard Verlag, 1974.
Schmitz, Walter (Hrsg.): *Frischs Homo faber.* Frankfurt am Main: Suhrkamp Verlag, 1983 (suhrkamp taschenbuch Bd. 2028).
→ Der Sammelband enthält eine Reihe grundlegender Aufsätze zu ‚Homo faber'.
Schmitz, Walter (Hrsg.): *Max Frisch.* Frankfurt am Main: Suhrkamp Verlag, 1987 (suhrkamp taschenbuch Bd. 2059).
Schmitz, Walter (Hrsg.): *Über Max Frisch II.* Frankfurt am Main: Suhrkamp Verlag, 1976 (edition suhrkamp Bd. 852).
Steinmetz, Horst: *Max Frisch: Tagebuch, Drama, Roman.* Göttingen: Vandenhoek und Ruprecht Verlag, 1973 (Kleine Vandenhoek-Reihe 379).
Stephan, Alexander: *Max Frisch.* München: Beck'sche Verlagsbuchhandlung, 1983 (Autorenbücher Band 37).
Stephan, Alexander: *Max Frisch.* In: Heinz Ludwig Arnold (Hrsg.): Kritisches Lexikon zur deutschsprachigen Gegenwartsliteratur (KLG), Bd. 3, 41. Nachlieferung, 2006.

Verfilmung:
Homo Faber. BRD/FR/GR 1991. Regie: Volker Schlöndorff; Drehbuch: Volker Schlöndorff, Rudi Wurlitzer.
Mit Sam Shepard als Faber, Barbara Sukowa als Hanna und Julie Delpy als Sabeth. → Auf DVD erhältlich.

STICHWORTVERZEICHNIS

Abwehr 110
American Way of Life
  17, 89, 113
analytische Prozess-
  führung 99
Anglizismen 94
auktorialer Icherzähler 55
Bedeutung des Reisens 107
Bericht 56
bildhaftes Sprechen 94
Bildnis 23
Bildnis-Thematik 18, 22, 95
Bildniswelt 96
Brecht, Berthold 105
Chronologie 28, 59
Chronologie, Aufhebung
  der 63
Datumsangaben 63
Denkmuster 114
Denk- und Lebens-
  auffassung 89
diaristisches Schreiben 19
Distanz 55
duale Erzähltechnik 57
Dualismus von Ratio und
  Gefühl 17
Ellipsen 94
Endfassung 27
Entfremdung 63

Erkenntnisprozess 57
Erzählerfigur 101
Erzählstrategie 106
erzählte Zeit 58
Erzählverlauf 28
Exkulpierungsstrategie 115
Handlungskern 28, 29
homo faber 22, 80
homo ludens 21, 80
hyperbolisch 122
Ingenieur als Schlüsselfigur
  seiner Zeit 22, 68, 100
innerer Kern 117
Kalter Krieg 14
Kamera 77
Komplementärroman 21
Kompositionsstruktur 52
König Ödipus 97, 99
Krebs als Metapher 76
Kuba-Episode 97
Männer- und Frauenbilder 66
Mathematik 72, 80, 81, 104
Motive 74 f.
Motivanklänge 25
Mythologie 97
Nachholtaktik 60
Name des Protagonisten 80
Natur als Bedrohung 70
Naturbetrachtungen 116

STICHWORTVERZEICHNIS

Nominalstil 94
Ödipus 97, 99
öffentliche Sphäre 19
Oppositionspaare 65
Oxymoron 121
personaler Icherzähler 55
Perspektive 54
Präsens als Zeit des
 Erzählens 55 f.
private Sphäre 19
Projektion 70
Quellen 24
Reise-Metaphorik 75
Reisen 25, 75
Restaurationsjahre 15
Roboter 68
Rolle des Zufalls 72
Rollenidentität 110
Rollenroman 91
Rollensprache 91
Rückblenden 62
Rückblicke 53
Sachlichkeit 84
Schauplätze 25
Schicksal 26, 36
Schreibanlass 53
Selbstentfremdung 63, 110
Selbstschutz 84
Sexualfeindlichkeit 81
Sexualität 122
Sexualsymbolik 86

Stationen 57
Stationen, zwei 53 f.
Statistik 72, 80
Strukturelemente 65
Super-Constellation 77
Symbolraum 122
Tagebuchform 19
Technikgläubigkeit 17
Technik versus Mystik 67
Technik und Natur 68
Tod 123
Todessymbolik 64, 76
tragische Ironie 98
Übergangsrituale 107
Unmittelbarkeit 55
Verdrängung der
 Krankheit 61
Verfilmung 102
Verfremdungseffekt 105
Verkürzungen 92
Vorausdeutungen 61, 62
Wahrscheinlichkeit 25
weibliche Hysterie 69
Weltbild Fabers 104
Werkgruppen 19
Wirtschaftswunder 15
Zeitangaben 63
Zeit, Verhältnis zur 64
Zufall 26
Zwangshandlungen 81
zweckrationale Gründe 119